O altă p

Readers Do Good, 2020
www.readersdogood.ro

Vasi Rădulescu

O altă poveste de iubire

Readers Do Good, București, 2020
www.readersdogood.ro

Descrierea CIP a Bibliotecii Naţionale a României
RĂDULESCU, VASI
O altă poveste de iubire / Vasi Rădulescu. -
Bucureşti : Readers do good, 2020
ISBN 978-606-94806-8-7

821.135.1

Coperta realizată de Bogdan Ionuț Gurău

Tipar executat la ArtPrint

Pe www.readersdogood.ro și www.drvasiradulescu.ro găsiți toate celelalte cărți scrise de Vasi Rădulescu.

pentru C.

dacă tu n-ai fi
eu nu m-aș mai povesti.

Cuvânt înainte

Aceasta nu-i acea poveste de iubire. E alta. A venit așa cum vin toate lucrurile în viață, la un timp anume al lor, aparent pe nepusă-masă, când nu ești pe deplin pregătit pentru ele, cel mai adesea când te găsești chiar într-o stare jalnică ce pare antagonică cu orice sâmbure bun. Și lucrurile te prind cumva, te uimesc, iar tu reușești mereu să te adaptezi din mers, să le faci față. Uneori nici nu-ți vine să crezi că e posibil să trăiești ce ți se întâmplă, te mai ciupești din când în când, te retragi doar tu cu tine în analize fine, te scuturi și iei totul apoi de bun, fie că e basm suprapus în realitate sau realitate pusă-n basm. Ni se întâmplă niște lucruri și noi ne întâmplăm lor de parcă ciocnirile, alinierile, contactele n-au un hazard în spate, ci o ordine precisă, un traiect calculat la micron, întru a noastră desăvârșite. Nu mai cred că întâlnirile între oameni sunt întâmplătoare. Nu mai cred nici că avem forța suficientă să schimbăm ceva, pentru că ceea ce urmează să vă povestesc va demonstra perfect asta.

Ne dorim cu ardoare ceva, luptăm să-l avem, visăm, mergem pe drumul visului cu energii de care nici nu bănuiam că am fi capabili, dar nu orice vis se poate concretiza, oricât ne-am strădui noi. E nevoie de un acord din partea timpului. Pe moment, cu orice doză de dorință, parcă așteptându-ne, fixându-ne obsesiv mintea pe acel lucru, dinadins nici nu vine. E nevoie de o detașare dulce, iar el va răsări când parcă ne așteptam mai puțin. Doar ce a primit acordul timpului.

Iubirea nu e deloc ușoară. Nu iubești și gata, nu mai ai nevoie de nimic. Iubirea e un dar, o recunoștință, dar cere lupte, dincolo de conductele cu seve hormonale, proiecții metafizice, dor. Iubirea călătorește odată cu vântul și poate gâdila orice om, fără să facă discriminări pozitive sau negative. Se întâmplă oricui, nu cred că există om pe planeta asta care să nu fi iubit vreodată, oricât de trist, introvertit, depresiv, necăjit ar fi el. Și nici nu cred că ne e dat să avem o singură iubire, iar restul sunt copii palide ale acesteia, proiecții firave ce nu mai ajung la etalon. Iubim în miliarde de feluri, fiind atât de diferiți. Iubim altfel în timp și spațiu, pe măsură ce ne maturizăm, acumulăm noi experiențe de viață, învățăm alte și alte lucruri. Iubirea plutește pretutindeni și ne așteaptă, uneori trebuie doar să facem un minim de efort pentru a o întâmpina, alteori vine pur și simplu, acoperindu-ne într-o manta ce ne face dintr-odată zburători.

Ceea ce urmează este realitatea pură, uneori dură, în majoritatea ei sinceră, transpusă în cuvintele mele. Tot ce am scris până acum e real, iar de data asta m-am străduit chiar să nu caut construcții speciale, metafore seci, înflorituri, ci să las totul să curgă, dintr-un suflet. Am pus atât de mult în cartea asta că m-am temut să nu fi rămas cu sau fără deloc. Dacă el ajunge la voi, nu-mi va părea rău nicio secundă și mă voi descurca. Dacă ajunge și la ea, mă voi bucura că va putea să-l cuprindă, să-l mângâie, să-l înțeleagă, să-l țină aproape cât de mult va dori, să-i spună ce-a mai făcut peste zi sau poate chiar peste viață. Iar el să nu scoată niciun cuvânt, dar să le asculte pe toate, ca și cum ar fi cel mai important țel al lui.

1

trecut

Cine iubește inevitabil va suferi. Cine nu iubește nu poate ieși din suferință. Asta scriam pe un carnețel, anapoda, pe care-l purtam și-n buzunarul de la halatul de spital, alături de expresii, gânduri, momente firave din activitatea mea timidă, de rezident. Locuiam într-o garsonieră din Veteranilor, la etajul 1, ultima ușă pe dreapta, cea mai săracă și urâtă dintre toate. Urcam treptele și înaintam pe culoarul întunecat, lung, văzând lumina palidă a unei ferestre mici, din capăt. Înaintarea mea era ca o procesiune divină; mergeam cu capul aplecat, în liniște deplină, eliberându-mă treptat de păcate, într-un purgatoriu care-n definitiv mă va scoate cumva spre lumină, puțină cât era. Aproape de final, mă opream și știam că urmează o parte delicată, de multe ori distractivă, dar câteodată frustrantă. Ușa nu se deschidea prea ușor, trebuind să ridic de clanță în timp ce răsuceam de cheie în yală. Îmi aduc aminte cum, după o gardă, teribil de obosit, pe legea seriilor negative, n-am reușit să deschid ușa și m-am lăsat cu spatele de zid, alunecând până jos, într-un plânset înnecat. Îmi era greu, eram la început, gărzile mă omorau, abia aveam bani să supraviețuiesc, să-mi permit să dau 820 de lei pe lună doar pe chirie, iar din 1300 să-mi rămână de mâncare, facturi și alte cele. Nu prea mai visam cărți noi, mai luam cu împrumut de la colegi sau de la doamna Ana, vecina care m-a mirosit imediat și s-a oferit să-mi dea acces nelimitat la biblioteca ei. Ana stătea în același tip de garsonieră, cu un pat îngust lipit de un perete, iar pe cel opus o bibliotecă impresionantă, încărcată cu tomuri de filosofie, beletristică, poezie, cu autori francezi, consacrați, dar și englezi, spanioli sau români, la fel de titrați. Am luat prima oară Faust în două volume, cu o copertă turcoaz, cu sigla bpt pe ea. Îl citisem pe Goethe în adolescență și fusesem impresionat de Faust, iar după niște ani, apucasem să văd și opera, din primul rând, răvășit de prestația excelentă a personajului și de altfel de întreaga reprezentație. Cu cele două volume, în aceeași copertă turcoaz, m-am mai întâlnit la Lida, bunica Claudiei. Ele sunt încă la mine. E ciudat cum se leagă niște lucruri în viață, cum se fac punți peste timp, cum dăm peste ceva de care mai dădusem cândva, în alte perioade, inundându-ne creierul cu amintiri. Ne aducem aminte de cum eram atunci, cum gândeam, suferearn sau iubeam.

În garsoniera mea se făcea curent. Ușa de la balcon avea un lemn vechi, umflat și crăpat, cu o închidere incompletă. Pe balcon erau lucruri depozitate, o dezordine de neimaginat, iar geamurile lui din sticlă stăteau chituite de un cadru metalic; un geam lipsea, altul era spart pe jumătate, iar fereastra nu se închidea nici ea bine. Între ușa care lăsa cam un lat de palmă spațiu gol până la podea și această căzătură de balcon se forma curent, entitate care avea să-mi devină prietenă de suflet.

Cum treceam de ușa din lemn maroniu deschis, pe dreapta aveam un fel de debara ascunsă de o perdea multicoloră, iar pe stânga era o baie mică, dar cu cadă - avea să-mi fie o binecuvântare, chit că smalțul ei era sărit în mai multe locuri. În cameră erau două canapele, una chipurile nouă, extensibilă, alta veche, din piele, ruptă și respingătoare. Un corp mic de bibliotecă ascundea pe colț un perete comun cu bucătăria, iar în el erau bibelouri și mileuri, precum și câteva fotografii înrămate. Înaintând spre balcon, după canapeaua din piele, aveam o masă pătrată simplă, iar în stanga ei era ușa care dădea în bucătărie, unde exista un aragaz mic, cu două ochiuri, și o mobilă făcută din mai multe bucăți, ca monstrul doctorului Frankenstein. Am uitat să menționez piesa de rezistență a acestui univers: o lustră care stătea la 45 de grade față de verticala ei normală, gravitațională. N-am reușit să o îndrept, dar cum nu era cel mai rău lucru din casa aceea, am zis că e-n regulă să o las așa.

După o adaptare cvasimulțumitoare și-ntr-un weekend însorit, m-am trezit cu o stare antagonică apăsărilor mele. Aveam poftă de viață, ciudat lucru, aveam dorința să creez ceva, să scot frumosul dintr-un mediu anost, rece, sărac, mizerabil nu în sensul propriu, ci mizerabil ca nivel al trăirii mele, în tot acel context. Mi-am făcut o cafea la ibric, am deschis ușa balconului, am pus picioarele goale printre obiectele de pe jos, am crăpat fereastra metalică și m-au lovit ciripituri de păsări, raze calde de soare, un aer proaspăt și mirosul unei primăveri. În fața mea, cu crengile mângâindu-mi geamurile, era un tei aproape să explodeze. Viața era frumoasă, puteai găsi lucruri aparent mărunte de care să te bucuri nespus, sau puteai să țipi, să te bucuri și spus, să tragi aerul acela plin de premize în piept și să-ți spui că totul va fi bine, te vei obișnui, vei scăpa de anxietăți, de singurătate, vei iubi, te vei iubi, vei merge altfel înainte. Acolo, pe balcon, cu cafeaua în mână și primăvara dând năvală în mine, mi-am spus că voi scrie o carte extraordinar de frumoasă, că voi munci zilnic la ea, că voi amenaja balconul ca spațiu de lucru și-ntr-o dimineață, așezat pe scaun la masă, cu geamul larg deschis, îmi va exploda teiul în față și-un milion de gânduri vor fi deja așezate pe foi de hârtie, într-un soi de manuscris. Aveam un plan, aveam un țel de care să mă agăț. Găsisem un scop, mai trebuia doar să merg pe drumul acestui vis, să muncesc din greu și să fac ce mi-am propus.

Am schimbat canapelele între ele, să am mai multă lumină, mai ales dimineața - ador să mă trezesc cu soarele peste mine, iar orientarea balconului era pur și simplu perfectă. Toate obiectele din balcon au fost strânse și duse în debara, unde oricum nu țineam decât un aspirator - le-am îngrămădit acolo, unele peste altele. Am scos corpul de bibliotecă și l-am poziționat în stânga, lipit de peretele care nu deținea niciun geam. Mi-am pus în el toate cărțile avute, cursurile de medicină, acuarelele, pensulele și multe jurnale. Masa a fost lipită de peretele lung, din ciment, venind chiar sub nivelul geamurilor rabatabile. Mi se părea fascinant cum poţi, din puţin, să te descurci cumva, să amenajezi un loc - în stânga aveam biblioteca plină de culori, în centru aveam masa pe care pusesem volumele din Faust, un teanc de hârtii A4 și câteva instrumente de scris, iar în dreapta am așezat televizorul alb-negru, voluminos, cu tub catodic (era în cameră, ca o dotare extra), ce urmă să-mi servească drept companion de discuţii imaginate. Pe jos aveam un covor cu dungi roșii, albastre și albe - îmi amintesc de aceleași covoare avute în casa în care am copilărit. Era curat, aer plăcut, natura se transforma lângă mine, soarele se juca pe masă, îi puteai atinge razele dacă voiai. Am astupat și găurile din uși, scăpând de curent, acest mișel inamic nevăzut. Atinsesem o armonie de care mă bucuram ca un copil, chiar dacă lustra era tot strâmbă, camera tot mică, iar alţii, ei bine, aveau mult mai multe decât mine.

Weekendul acela a fost un pic ciudat, aducându-mi stări care m-au speriat. Simţeam nevoia să trag o linie, să fac o socoteală, să scormonesc prin mine într-un fel de introspecţie, să analizez trecutul, să văd cu mare atenţie prezentul și totodată să trasez schiţele unui viitor. Mi-am propus să-mi recapitulez viaţa, să descos unde am greșit și am făcut bine, apoi să scanez situația mea actuală, iar la final, poate pe seară, să plămădesc o listă cu lucruri pe care trebuie să le realizez în anii care mi-au mai rămas. Lista asta nu va fi ignorată imediat după concepерea ei, așa cum am făcut deja de o mie de ori; aici e altceva, nu e una oarecare, e chiar lista (sau poate să scriu LISTA, să îngroș literele cu pixul, apoi să trag o linie sub titlu, eventual să pun și două simboluri de o parte și de alta, exact așa cum am mai procedat de alte o mie de ori). Serios, Vasi, scutură-te. Ai greșit destul, te-ai culcat pe o ureche, ai pierdut timp prețios, nu mai e de joacă. Nu se va schimba nimic dacă nu-ți dorești să se schimbe și nu muncești pentru asta. Nu cade nimic din cer, iar dacă într-adevăr cade, te strivește. Hai, te rog, să facem ceva concret acum, să așezăm niște visuri pe o foaie de hârtie, să ne obișnuim cu ele, apoi să căutăm un sens. Să căutăm un sens al vieții - ce m-a speriat întotdeauna.

2

introspecția

Viața mea a fost plină de momente tari. Am apărut în data de 22 iulie, ultima zi a zodiei rac. Eu nu cred în zodii, racii sunt oricum mai sceptici din fire; când eram mai mic citeam caracteristici ale zodiei, descopeream cum fac doi pași în față și trei în spate, cum sunt nesigur pe mine, cum am o componentă puternică de intuiție, cum sunt empatic, misterios, creativ, melancolic, introvertit. Măi, ce se mai nimeresc astea! Apoi le-am considerat niște prostii, dar să nu forțăm timpul, că eram cu derularea la puține secunde după ce am tras prima gură de aer, înfofolit cum se făcea pe vremuri, cu aproape tot corpul înfășat strâns. Cred că la naștere am fost apucat și presat de cap - altfel nu-mi explic de ce occipitalul pe dreapta are o scobitură. Mama și bunica au avut mare grijă de mine, am dus-o elegant până-n iarnă, când m-au așezat meticulos într-un pătuț și pe acesta l-au poziționat cu grație lângă soba încinsă. Nu știu ce mișcări de ninja erau întipărite în codul meu genetic, moștenite de la vreun strămoș care, printre hobbiuri, mai era și ninja, mai ales în timpul somnului, că eu am evadat din pat și am rămas blocat între el și sobă, alegându-mă cu o frumusețe de arsură pe fața dorsală a mâinii drepte, dar și pe ultimele două degete de la piciorul ipsilateral. Arsura de pe mână a fost mai târziu motiv de rușine. O ascundeam, eram hâd, apărea oribilă acolo, mare, pe mâna mea micuță. Timpul a glisat pe axa lui și m-am obișnuit cu semnul; îmi părea că aduce cu forma Australiei, cu o insulă pe degetul mic, ceea ce ar fi explicat și de ce de multe ori eram un diavol tasmanian.

Mai târziu, ai mei mi-au făcut un țarc din lemn în care mă puneau, să nu mai evadez, iar ei să aibă mici perioade de liniște. Ei, aș! Am ieșit de acolo, pentru că-n codul meu genetic avem și trăsături de Houdini, de la un strămoș care evadase cu măiestrie din mai multe relații amoroase. Am luat-o pe jos, ca un pinguin, fiind cules de la colțul străzii. Bunica mi-a zis că mă aruncă în veceu - aveam unul în curte - dacă mai evadez, iar eu am țipat din toate alveolele *nu țac, nu beceu! nu țac, nu beceu!*

N-au mai trecut mulți ani și o forță m-a atras într-o groapă săpată în curte. Forța ar putea fi caracterizată așa: intră în groapă și recuperează mingea, nu fi fraier, că nu mai ai cu ce te juca; nu te teme, apa asta strânsă în groapă de la ploaie e mică, e o nimica toată, ai scăpat tu de sobă, ai evadat din țarc, hai, sari, ce mai aștepți? Am sărit și mi-au rămas deasupra apei scăfârlia cu ochii și puțin din nas. Cum era cam frig, m-a luat moleșeala repede și-am zis să trag un pui de somn, dar m-a găsit bunica, m-a scos de acolo, m-a spălat bine, m-a frecat cu spirt pe tot corpul și m-a băgat în pat, lângă ea. Când dormi cu bunica aproape, nu te mai deranjează nici sforăiturile, nici trosniturile de oase, nici nimic. Îi simți căldura ei uriașă, inima mare, mâinile în stare să te cuprindă de mai multe ori și dacă ești la o mie de mii de kilometri depărtare, iar apoi te faci bine repede și o ții minte pentru asta, dar și pentru altele.

Următoarea oprire pe recapitulare e la o beție cruntă. Casa era în renovare, strânseseră o mulțime de lucruri într-o singură cameră, iar eu și Emi, fratele mai mic, ne-am retras acolo într-o aventură pe cinste. Ne propuseserăm să ne facem cazemate din lucruri, să urcăm fără oxigen la noi munții de haine, dar nici prin cap nu ne dăduse că-ntr-un șifonier erau două sticle, una de vișinată, alta de vodcă. Probabil cu creierele private de oxigen după escaladări repetate, am dat iama în sticle și ne-am căpătat cu stări inițial euforice, apoi cumplite. Ne-a găsit tot bunica, antidotul suprem la orice rătăcire, și ne-a scos în curte, la soare, direct pe trotuar, unde ne-a așezat și apoi a aruncat câteva găleți zdravene de apă peste noi. Emi făcea ca o broască țestoasă, eu înotam stilul broască - suntem amândoi zodii de apă, ne pricepem la așa ceva. Aparent ne-am revenit, dar un rebound avea să vină mai târziu. Emi s-a suit pe tricicletă ca să demonstreze unor vecini că nu e beat; după doi metri, tricicleta s-a răsturnat și el a rămas inert. Eu am stat într-un picior - l-aș fi ridicat și pe celălalt, dar sigur m-aș fi prăbușit. M-am prăbușit oricum în râsetele celor mai mari, iar bunica ne-a scos iar din rușine, dându-ne ceai și compot, luându-ne în camera roz și ținându-ne aproape de ea, până ce alcoolul ne-a părăsit trupurile firave. A fost singurul moment în care m-am îmbătat cu adevărat în toată viața mea.

Mama mi-a spus să am grijă pe unde plec de acasă, în ce anturaj ajung, să nu mă ating de țigări, să nu fac prostii. Am respectat doar partea cu țigările, unde nu m-am lipit niciodată, chit că se fuma în draci în jurul meu. Spun în draci pentru că asta am observat - prietenii fumau ca să scape de draci. Am ajuns în anturaje anapoda, am plecat pe jos sau cu bicicleta în aventuri grozave, am făcut aproape toate prostiile din lume. Într-o zi am hotărât cu Răzvan, vecinul meu de peste stradă, că e cazul să ne suim amândoi pe semicursiera lui de origine nemțească și să pedalăm 18 kilometri, până la Cernavodă, să vedem podurile peste Dunăre. Știam că e un pod vechi făcut de inginerul Anghel Saligny, care are capetele superbe, cu statui, iar pe el trecuseră cu turmele de oi ca să-i demonstreze robustețea. Trebuia să vedem grozăvia asta. A pedalat doar Răzvan până și-a dat duhul, iar eu mi-am julit coapsele pe ghidon, că stăteam chiar peste șufele care schimbau vitezele și asigurau frâna pe spate. Când voia să schimbe sau să frâneze, mă anunța, iar eu mă ridicam cumva de pe ghidon, sprijinindu-mă pe coarne. Ajunși la Cernavodă, am văzut podul, dar eram prea obosiți amândoi ca să ne mai minunăm de el. Ne-am oprit la un semn cu *Bine ați venit în județul Constanța*, unde cu o cheie ne-am scrijelit numele. Apoi am coborât în stația CFR. Nu-i spusesem nicio clipă lui Răzvan că aveam bani la mine, iar el îmi vorbea pe drum despre o poftă nebună de cola, covrigi sau pufuleți. Nu se putea decide între cele din urmă, iar în stație am găsit un magazin din care am procurat din toate, plus pufarine. Pufarinele salvează orice, ele sunt un dar divin. Am mâncat amândoi cu bucurie, mai mult el, că-i împlinisem cumva dorințele, ne-am încărcat bateriile și am făcut cale întoarsă spre Fetești. Mama nu venise de la serviciu, noi eram în vacanță, bunica repara un curnic din curte cu Codiță, meșterul nostru suprem, așa că mie nu mi-a dus nimeni dorul sau lipsa. Aveam în schimb coapsa făcută praf, aproape sângerândă, motiv pentru care am mai desfăcut o pungă de pufarine din colecția de acasă. Le păstram pentru ocazii speciale, mai ales pentru desenele animate.

Bunica mi-a promis că mă va iubi indiferent de drumul meu în viață, iar eu am crezut-o pe cuvânt. Nu aveam de unde să știu atunci că o voi apuca pe calea medicinei și pe cea a cuvintelor, reușind să le împletesc între ele. De fapt, să nu mă mint, cred că știam puțin din ambele. Mi-au plăcut oamenii dintotdeauna și mă puneam în locul lor, cu o empatie aproape patologică. Cuvintele mi-au fost refugiu și salvare, întrucât mare parte din viață am fost destul de izolat, preferând să comunic în scris, nu oral, în niciun caz față în față. Și e ciudat, pentru că n-am fost mereu așa, având ca un traseu EKG cu unde și spații plate, cu perioade de expansiune urmate de retrageri în peștera mea, într-o siguranță deplină. Cred că prin clasa a șasea am știut că voi fi medic, după ce răsfoisem deja atlase ale corpului uman, enciclopedii, reviste. Ulterior m-am îndrăgostit de anatomie, iar ideea că puteam afla în detaliu cum funcționează organismul, știind să identific niște probleme și chiar să le repar, mi se părea fascinantă. Mi-am sedimentat asta în mine adânc, cromozomial, nu mai era nicio cale de întors.

Aceeași configurație deranjantă de tip electrocardiogramă am avut-o și cu școala, pentru că am fost mereu primul din clasă, impunându-mă destul de ușor fără să fiu tocilar, ci dezvoltându-mi mecanisme și raționamente, mai ales imagini care să mă ajute în tot ce învățam, dar aveam reale probleme cu adaptarea, mai ales când treceam din clasele primare spre gimnaziu, sau apoi la liceu, respectiv facultate. Stăteam ca un taciturn, comunicam greoi, rezultatele erau un pic mai slabe, apoi mă simțeam în elementul meu și săream în cealaltă extremă. Totul a mers pe acest tipar până la facultatea de medicină, unde n-am mai reușit să fiu primul. Cred că nici nu m-a mai interesat, dar condițiile erau distincte, pentru că viața mea se schimbase brusc.

În gimnaziu am iubit cu adevărat pentru prima oară. O chema Liliana, misterioasă, introvertită, o brunetă delicată ce mă scoatea din minți. A fost o poveste care nu s-a concretizat niciodată. Era cu un an mai mică, la altă clasă, iar eu o urmăream peste tot, fără să suflu un cuvânt. Locuiam în partea de după căile ferate ale unui Fetești care devenea tot mai mic pe măsură ce eu mă făceam mai mare, dar era universul meu în care îmi trăiam o existență frumoasă. Eu stăteam în ceea ce se cheamă Coloniști, partea cu case, iar ea în zona de oraș, cu vile și blocuri. Știam exact unde locuiește și-mi schimbasem traseul pe acolo, ca să cresc șansele unei întâlniri. Îi priveam geamul și mă umpleam de fiori, conștientizând că acolo, după un perete, stă fata pe care în mod cert o iubesc. Nu aveam tăria să-i declar ceva, iar asta a durat mult și bine. Mai târziu, la o petrecere de sărbători, o prietenă comună m-a tras deoparte și mi-a zis că Liliana e îndrăgostită până peste cap de mine, dar nu are curajul să mi-o spună. Mi-a propus să fac eu primul pas și a chemat-o. Am privit-o de aproape, era mai frumoasă ca oricând, cu ochii ei căprui și pielea perfectă, cu părul până la umeri, cu trăsături delicate și o naturalețe în orice gest, oricât de mic. Nu am putut să fac nimic, să spun nimic. Am consumat secunde bune de liniște, ne-am privit și atât. Nu s-a întâmplat niciodată ceva. Apoi am plecat la liceu și m-am aruncat în altă luptă cu adaptarea.

A fost ciudat pentru că primul fiind, ai mei se așteptau să am rezultate strălucite la examen. Nu m-am concentrat deloc, am căzut pradă emoțiilor, iar ulterior rezultatele mi-au permis să nu intru la prima clasă de matematică-informatică, ci abia la a treia. Știam că vreau să fac medicină, aveam o componentă puternică de uman, dar eram un puștan pasionat de mate și computere, așa că am ales varianta asta. Când am aflat rezultatul la examen, m-am întors acasă cu capul în pământ, m-am dus în spatele casei și am plâns în hohote. Dezamăgisem pe toată lumea. Nu mai eram acel Vasi, șeful clasei, tipul deștept care împușcă note de 10 din sclipiri, scrie eseuri tari la teze, rezolvă probleme de mate pe căi inventive. Eram un anost care abia a prins a treia clasă de mate-info. Mama a fost răvășită, dar mi-a iertat-o repede. N-a intrat cu bocancii în sufletul meu, ci m-a lăsat să mă desfășor și să învăț natural din greșeală. Bunica era în pat deja, după fractura ei de femur, urmând să stea acolo 13 ani cu totul. Ea s-a bucurat senină pentru mine, voia să mă transform în medic și să-i repar piciorul, să o fac să meargă iar, iar liceul stătea ca un pas intermediar în acest traseu.

În clasa a noua aveam același coleg de bancă pe care-l avusesem din clasa 1-a până într-a 8-a. Colegii erau noncomformiști, legau grupuri, unii fumau pe afară, se distrau, comunicau intens. Eu nici măcar nu ieșeam din bancă în pauză, pentru că nu mă simțeam parte integrantă din acea clasă. Îmi era încă rușine cu mine, de mine, de tot, picând într-o izolare sub a mea carapace dură. Am remarcat, cu periferia ochiului drept, cum stăteam în prima bancă de la fereastră, o tipă blondă, dezinvoltă, minionă, din banca a treia de la perete. O chema Angelica. În interiorul meu se aprindea iar acea flacără care nici nu te arde, dar nici nu te lasă să te porți normal. În viață repetăm niște cercuri până nu mai avem timp și putere să le repetăm. Repetăm iubiri, greșeli, lupte, bucurii. La fel, n-am avut curajul să-i spun ceva, să-i dau vreun semnal. Eram un anost cu părul purtat cărare pe mijloc, cu tuleie, cu haine închise la culoare, fără prea multe cuvinte rostite. Nu dădeam cuiva de înțeles că eram capabil de o eudaimonia, de o înflorire. Asta s-a topit cu ajutorul profei de română, care la teza din primul semestru ne-a dictat două subiecte - primul ne cerea să compunem un eseu pe tema *Timpul este un copil care se joacă*, iar al doilea să construim niște tipuri de propoziții. Cu caietul special deschis, cu emoțiile în inimă, puteam să mă deschid adhoc, să scriu exact ce simt despre timp și viață, filosof fiind de mic, sau puteam produce un eseu plat, șters, ca o bifă. Curios lucru, dar am ales deschiderea. Când a venit cu tezele corectate, profa a lăsat-o ultima pe a mea și apoi m-a rugat să citesc eseul întregii clase. Evident că nu am putut, înnecat în emoții. A luat caietul, s-a poziționat în fața catedrei și l-a citit tare, iar pe aceeași axă a timpului eu mă zbăteam cu bubuituri de inimă în piept. *Rădulescule, a fost cel mai frumos eseu de când sunt eu în liceul ăsta. O să-l citesc azi la toate clasele în care mai predau, să știi. Să mai știi că tu ai face bine să scrii cândva niște cărți. Ești cu medicina, chitit deja, am priceput asta, dar vezi ce prietenie legi cu toate cuvintele. Ceva îmi spune că vei produce lucruri frumoase aici.* După emoțiile inerente, ceva mi-a spus și mie că trebuie să mă schimb. Mi-am dat jos urma de mustață, mi-am schimbat frizura, mi-am cumpărat haine de firmă, am început să leg prietenii. M-am mutat în banca a doua de la perete, pentru că Gina, o fată simplă dintr-un sătuc, era cam evitată de ceilalți, iar eu aveam să împușc doi iepuri: să o fac pe ea să se simtă mai bine, respectiv să-mi poziționez capul în fața Angelicăi. N-a mai durat mult și am fost împreună într-o relație de patru ani, de care îmi aduc aminte cu bucurie, pentru că eram tineri, naivi, sub valuri hormonale care ne manevrau ca pe niște păpuși. Rezultatele Ginei s-au îmbunătățit spectaculos, dar nu știu prin ce metode, asta rămâne între noi, oricum s-au prescris faptele.

Iubirea aceea plină de aventuri, descoperiri, relații intime înflăcărate s-a metamorfozat treptat în tensiuni, contre, planuri diferite. Am început să mă pregătesc pentru examenul la medicină, făcând meditații la anatomie și chimie. La anatomie mergeam la o profă care scotea untul din mine, mobilizându-mă să învăț logic, să fac multe teste grilă, să eficientizez timpul. La chimie era un deliciu, pentru că mergeam la o doamnă în vârstă care mă iubea, era o plăcere nespusă să ne vedem, să rezolvăm probleme, să schimbăm idei. Fusese profesoara mamei mele. Toată clasa a douăsprezecea am pendulat între meditații, învățat din greu acasă, mers la liceu și văzut cu Angi, ca să am o contrapondere în tot ce făceam. Nu mi-am bătut capul la bac, nu mă ajuta la nimic media, propunându-mi să mă concentrez pe medicină. În iulie, pe 20, m-am suit în tren spre capitală, să stau la sora mea o seară, să mă odihnesc bine, iar apoi să mă prezint dimineață la examen, pe 21. Zis și aproape nefăcut, pentru că-n ziua examenului cred că era mercur retrograd, tramvaiul nostru a deraiat, n-am găsit niciun taxi, am căutat disperați un autobuz care să meargă spre Eroilor, abia am ajuns la timp la UMF Carol Davila. Am încercat să mă adun în timp ce coboram într-o sală răcoroasă de anatomie, cu mese de disecție din marmură și gaură pe mijloc, pentru scurgere. Puseseră hârtie albă pe mese, iar noi stăteam câte patru candidați la fiecare. Când au venit caietele cu grile, am uitat de tramvai, de mese, de tot. M-am concentrat perfect, ba chiar eram degajat, pentru că grilele mi se păreau mult mai simple decât cele făcute de mine un an de zile acasă. Simplitatea unora chiar m-a debusolat, întrebându-mă dacă nu cumva aveau o cheie, o chichiță pe undeva. Nu aveau. Am realizat atunci ce înseamnă o pregătire bună, le-am mulțumit în gând profelor mele dragi, am pus pixul jos și m-am dus să predau foaia completată. Prin suprapunere cu o folie din plastic, membrii comisiei știau imediat rezultatele. O doamnă durdulie mi-a zis că am făcut 112 puncte din 120, dar eu nu mai știam dacă e bine sau nu. Ieşind pe hol, un student mai mare m-a întrebat cum a fost, iar după ce i-am transmis punctajul, mi-a răspuns *oho, tare, ești la buget, nene, printre primii, frumos!* Nu am procesat exact vorbele și am ieşit din clădirea portocalie, în curtea cu un parc plin de veverițe. Mă aştepta una care, suprinzător, semăna leit cu sora mea. I-am zis şi ei rezultatul, urma să aflăm listele finale pe seară, hai să mergem acasă că sunt cam obosit. Am mâncat o supă de roșii delicioasă și am adormit două ceasuri. Seara era buluc de tineri, părinți, bunici, prieteni, toți strânși la vizierele de pe gardul universității. Pe la opt au pus listele, eram printre primii, bucurie. Nu realizam ce am făcut. M-am întors acasă chiar de ziua mea și am fost primit ca un prinț. Ba mama chiar le-a transmis vecinilor, aproape cu forța, sărmanii, că eu am intrat la medicină. Intrasem. Mai rămânea să și ies întreg la minte.

3

firimituri

Mi-am adus aminte de nea Nelu, căruia îi ziceam Codiță, dar nu oricum, ci prins într-o întrebare mai mult cântată, *ce maaaaai faaaaci, Codiiiiiiiiițăăăă?* Era un bărbat rrom care fuma de rupea Carpați fără filtru sau Mărășești, consuma alcool de cea mai proastă calitate, asta când îl avea, că-n rest era prieten bun și cu Mona, spirtul la jumătate de litru, despre care noi știam sigur că provoacă orbire, numai că al nostru Codiță vedea din ce în ce mai bine. Fusese și la închisoare pentru furturi mărunte, cel mai recent constând în două găini cu gâtul golaș. *Era noapte, n-am văzut nimic, dacă vedeam eu mai bine, nici nu le mai luam la cât erau de urâte. M-am speriat de ele a doua zi, voiam chiar să le duc înapoi, dar mi-era să nu fiu prins chiar în fapta bună.* L-au prins oricum, că l-a pârât frate-său ce avea de plătit o poliță mai veche. Pac, cinci ani. La închisoare a învățat să spună bancuri, povești, să facă tot felul de scheme cu bețe de chibrit. Codiță era inofensiv, cu toate prostiile lui realizate, ilare și ilegale. Îl chema bunica să ne facă tot felul de munci prin curte, să mai construiască o magazie, să repare niște țigle din acoperiș, să sape la câmp, să culeagă porumb. El era priceput la orice. Până să intre efectiv în miezul trebii, ne mai zicea o poveste și-n jumătate de ceas ne captiva. Îi plăcea să bea cafea tare și să fumeze, râdea la propriile bancuri, se bucura de lucrurile ieșite cum voia el, avea atribute calde într-un om altfel chinuit cu viața. După ce bunica a căzut pe gheață în 2000 și și-a fracturat femurul, Codiță a venit să o viziteze cam săptămânal, dar pierise motorul acelei curți, iar el nu mai avea treabă de făcut. Putea să nu mai vină deloc, dar acum nu o făcea din interes, ca să câștige niște bani, ci să arate că era om, mai mult decât alții. Nu făcea asta de fațadă, ci așa simțea el și cred că-i părea rău s-o observe redusă la un corp inert, când fusese atât de plină de energie mereu. În cei treisprezece ani în care ea a stat numai în pat, Codiță a început să vină tot mai rar, nu din rea voință, ci din cauza unui amestec de factori: îmbătrânea și era tot mai bolnav. Tata ne-a povestit cândva că l-a vizitat la garsoniera lui și nici măcar ușă normală nu avea, ci o improvizație. Era cumplit de sărac. El, meșterul bun la toate, capabil să repare orice, trăia într-un mediu anost, unde parcă nu voia sau nu putea să repare nimic. Mai târziu, tata l-a ajutat când s-a întors de la spital, că-i tăiaseră picioarele din prea multe tare. Codiță a devenit tot mai mic până a dispărut, iar cu el s-au dus și poveștile, și jocurile în care mutam gunoiul din făraș în afara lui mișcând doar un băț de chibrit, și râsul cu gura până la urechi, și degetele îngălbenite de la țigări, și strungăreața lui masivă prin care ș-urile ieșeau aproape melodic. S-au dus, dar într-un fel au rămas. Unii mor și totuși nu mor niciodată, cât timp cu drag ne aducem aminte de ei.

M-am scuturat puțin de firimiturile timpului și m-am dus în bucătăria vetustă, să fac altă cafea. Televizorul e jos, îmi pun picioarele pe el, mă uit în sticlă și mă văd diform, o imagine nu tocmai departe de starea mea. Unde eram? Ajunsesem după examen, proaspăt întors acasă, fiind și ziua mea, un 22 iulie pe care ba îl așteptam cu entuziasm, ba îl uram cu desăvârșire. Nu mi-am serbat niciodată ziua de naștere, cel mult dădeam o bere unor prieteni sau făceam un grătar acasă sau la niște rude, când ne strângeam cu toții și stăteam la o vorbuliță. Ai mei se arătau extraordinar de bucuroși, mai ales mama, care sălta din piciorușe ca o căprioară. Îi împlinisem un vis, printr-o extensie, deoarece voia în tinerețe să devină medic, dar din păcate unele coordonate n-au fost tocmai clare și s-a cam rătăcit. Eu reușisem, sincer nu consideram că făcusem o mare brânză, dar aveam brânză pe masă, între diferite tipuri de carne, murături, băuturi, prăjituri.

După câteva ore cu ei m-am dus la un prieten bun, să mă strângă ai lui în brațe și să mă felicite și ei. Știam că el a făcut mai multe controale la spital, a ajuns chiar prin București, ia niște pastile acum și încă are momente ciudate în care se uită fix și nu mai face absolut nimic. Ultimul episod de acest fel fusese însă cu mai bine de jumătate de an în urmă, totul părea perfect. Nu știam exact ce avea, se ferea să ne vorbească, iar părinții lui și sora îmi mărturiseau că nu e nimic clar, e în observație. N-am mirosit ceva anormal, dar într-o fracțiune de secundă l-am văzut prăbușindu-se, căzut pe jos, rămas inert. Nu mai respira și, panicați cu toții, nu știam ce să-i facem. Tatăl l-a întors pe o parte și i-a introdus degetele în gură, să-i tragă limba. Mama lui a sunat la ambulanță. Erau panicați, încovoiați sub presiunea unei disperări neanunțate, cauzate de un impuls scurt, năucitor. Câtă nesiguranță plutește în jurul nostru și cum luăm totul de bun, fiecare zi ni se cuvine, ne putem culca pe o ureche, ne putem urî, nu-i nicio problemă. Apoi ne ia viața la palme, din senin, arătându-ne micimea noastră exagerată de egouri umflate cu pompa. Pentru că știam din trecut că salvarea habar nu avea cum să găsească strada noastră din Coloniști, am ieșit din casă și am alergat spre un capăt al străzii, să o întâmpin și direcționez. Nici urmă de ea spre șoseaua Călărași. Poate vine prin capătul celălalt, pe la pod. Am alergat respirând tot mai greu, călcând pe pământul și pietrele străzii, până când astfaltul cald mi-a trecut sub tălpi, aproape de pasarela peste liniile de cale ferată, care ducea în zona de oraș. M-am răsucit pe acolo, oamenii strânși la niște magazine se uitau ciudat la mine, iar în fundal am observat o ambulanță cu sirenele pornite, evident luând-o pe o stradă greșită. Am țipat după ea, nu m-a auzit nimeni. Am țipat până nu mai ieșea niciun sunet din gâtul meu, ci doar hârâituri ca de animal aflat pe moarte. Un domn a oprit mașina și i-a făcut semn șoferului să se întoarcă spre mine, iar mai mult din semne, le-am spus pe unde să o ia. Am revenit alergând în urma lor, erau deja în casă, apoi am căutat un loc pe un hol și am căzut pe jos, în șoc, tremurând. Mama lui se îmbrăcase deja și mi-a sărit peste picioare, întrebându-mă dacă sunt bine. I-am zis că da, să plece, nu am nimic. Cred că am alergat dintr-un capăt în altul al străzii, după ambulanță, apoi spre casă, în picioarele goale. Aveam sânge pe tălpi. Și eram doar în pantaloni scurți, că era cald în bucătărie și așa stăteam, ne cunoașteam bine, nu aveam nicio rușine. M-am adunat puțin, mi-am spălat picioarele, fața, tot capul. Minunat mod de a petrece o zi de naștere și o reușită la UMF Carol Davila. M-am întors la mine, transfigurat.

Au trecut câteva zile și eram pe platforma din scânduri pe care o construisem în cireș. O bijuterie. Găsisem două ramuri aproape paralele, relativ solide, pe care am pus șipci rezistente, una lângă alta. Peste platforma asta care atingea lejer doi pe trei metri am așezat un carton al unei cutii de frigider, apoi câteva covoare cu dungi multicolore. Pentru că nu-mi plăcea un colț care se lăsa în jos, am securizat creanga cu un cablu legat de trunchiul cireșului. Nu folosisem niciun cui, uram să traumatizez vreun copac, să-l văd cu metal în el și cu clei pe lângă, parcă încercând să se apere sau să plângă cu lacrimi groase. Stăteam acolo și citeam, mă uitam pe atlase cu corpul uman, pe diverse enciclopedii, uneori jucam rummy sau cărți cu Buni, alias Răzvan cel mic. Răzvan cel mare locuia peste stradă, iar cel mic pe strada cealaltă.

Cu Buni schimbam nişte impresii când am auzim voci cunoscute. Reveniseră cu toţii acasă, el era bine acum, după ce stătuse direct la reanimare. Am coborât repede din cireş şi m-am dus la ei, ne-am îmbrăţişat, fără să conştientizez că acea întâmplare avea să-mi impacteze viaţa mai târziu. Pe scurt, o criză severă de epilepsie. M-am întors la Buni şi am continuat jocul de război. Aveam toţi aşii, eram convins că voi câştiga într-un minut, el mai avea puţine cărţi, dar s-a nimerit război 10 cu 10, iar eu am pierdut toţi aşii în acel calup de cărţi. Răzvan cel mic m-a făcut pilaf, s-a dat jos din pom şi a plecat acasă să mănânce. Cu braţele sub cap, întins pe spate, m-am uitat la cer şi mi-am zis că-n viaţă poţi să pierzi totul extrem de uşor, mai ales când eşti sigur de ceva. De oameni, de lucruri, de iubiri.

Vacanţa s-a risipit, în octombrie am părăsit oraşul meu ca să încep facultatea, în Bucureşti. Am prins un loc la cămin şi eram speriat de toată adaptarea. N-am privit niciodată cu bucurie schimbarea de locuri, de oameni, de sistem de învăţământ, simţindu-mă bine într-un cerc în care oricum mă adaptasem greu. Primul an a fost infernal, cu zeci de cărţi groase luate de la bibliotecă, toate trebuind să fie nu citite, ci tocite, adică fix ce uram să fac. Niciun raționament, nicio logică, nimic. Eram într-un mediu care te obliga să reții cât mai multă informație, să repeți ce ai citit până înnebunești. Facultatea de medicină asta face: te învață cum să înveți mai mult. Materii amestecate, cursuri matusalemice, mii de foi trase la xerox, markere de toate culorile cu care să subliniezi pasajele chipurile importante, ajungând să subliniezi tot. Intram la anatomie în sala de disecții și eram răvășiți de realitatea corpului uman, mirosul de formol, juxtapunerea reperelor pe ceea ce vedeam în cărți sau în atlasul Netter. Ne obișnuiam cu acele imagini, mai căutam o fereastră deschisă din când în când, ne consultam unii cu alții dacă într-o zonă e o arteră sau o venă, mai mâncam un senviș la o masă goală, departe de mirosuri, apoi reveneam în teatrul de acțiune, urmărind asistentul de grupă. La primul examen de anatomie aveam practic și teoretic, iar la practic trebuia să recunoaștem niște stegulețe prinse de anumite structuri. Nu stegulețele, că ele erau ușor de recunoscut, ci structurile. Aveam un profesor sever, intransigent, chirurg mare. Am luat cu două puncte mai puțin decât trebuia la practic, la revedere teoretic, la revedere materie tocită timp de două luni. M-am întors la cămin cu capul în pământ, plin de rușine și dezamăgit de mine. Restanța a fost dată în vară, cu maximum de stegulețe, perfect și la teorie, dar proful nu a vrut să pună nota zece, că avea niște reguli clare, una fiind fără zece la restanță. Nu exista loc de contestație, ziceai mulțumesc, eventual pupai și mâna cu umilință și te retrăgeai cu spatele din camera de examen, păstrând contactul vizual și respectul pentru comisia supremă.

La finalul primului an mi s-au schimbat coordonatele, pentru că trebuia să mă întrețin singur. Niște probleme în familie, bani extrem de puțini din care nu înțelegeam nimic, scuze continue să nu ies cu colegii la un suc sau un film, toate coroborate m-au împins spre un job pe care speram să-l împletesc bine cu facultatea dificilă. Iubirea s-a strecurat prin sita unui ciur și a căzut, eu păstrând ce a rămas în ciur. Relația cu Angi, acea magie a liceului, toată șmecheria noastră, zilele fără griji, erau acum un fum. În vacanța de vară am împăturit tricouri într-un magazin, de dimineața până seara. Munceam și două weekend-uri, primind după o lună cinci sute de lei. Mi-am luat un senviș mare și l-am mâncat plângând, în camera de cămin. Nu mă simțeam deloc confortabil în magazin, nu pentru că făceam o muncă pe care o consideram josnică, ci pentru că acolo era chipurile un şef ce voia să se impună cu orice preţ. Doar el avea dreptate, tricourile trebuiau să stea doar ca el, clienţii trebuiau abordaţi doar în stilul său, iar eu eram un scrib biet. Omul nici nu avea vreo facultate făcută şi mai şi zicea că medicina mea e zero barat. Avea o satisfacţie din a-i umili pe ceilalţi, de parcă din asta se hrănea. Mi-am depus CV-ul la un publisher online, o companie care deţinea multe reviste web, primind după interviu un job part-time de redactor la un site de gadget-uri. Pentru mine era perfect: scăpasem de magazin şi de şeful închipuit, aveam ceva part-time care îmi permitea să merg la facultate, câştigam 600 de lei scriind despre tehnologia de care eram oricum pasionat. Avea să-mi fie, după un timp, cauza unui dezastru.

Chiar dacă mai târziu aveam să descopăr principiul de doză şi importanţa lui în medicină, unde un medicament trebuie să aibă o cantitate anume pentru a genera efecte pozitive şi a nu trece un prag nociv, unde efectele negative depăşesc potenţialul pozitiv terapeutic, în acea perioadă habar nu aveam cum să păstrez un echilibru, spre exemplu o aparent banală regulă a celor trei de 8: 8 ore de muncă, 8 de relaxare, 8 de somn. Scazi la relaxare, pierzi automat din potențialul de muncă. Scazi la somn, și câți nu o fac, dai peste cap celelalte două segmente. Am acceptat trecerea la full-time, încercând pe lângă să învăț advertising și programare. Scriam articole și gestionam campanii timp de opt ore, apoi ajungeam la cămin și mă străduiam să scriu linii de cod, să fac site-uri web, să învăț design și elementele de legătură dintre ele. Dormeam puțin și prost, iar camera mea era plină de cutii de energizant și căni cu cafea. Dacă aș fi crezut în cititul în cafea și m-aș fi priceput un pic la asta, cred că-n toate scria că viața mea o va lua în jos rău de tot, până la pământ. Dar oare nu vedem noi viața așa cum e cu adevărat abia atunci când ajungem la pământ?

Mă trezeam cu greu și trăgeam de mine să ajung la cursuri și la lucrările practice. Din anul trei începusem semiologie la Colțea, la profesorul Bruckner, un om fabulos. Era o plăcere să-l ascult, să-l văd, să pricep cum se examinează un pacient, cum să culegi informațiile, cum să-l atingi, cum să ai o relație frumoasă cu el. După stagiu o luam cu metroul spre birou, unde aveam să pregătesc newsletter-ul viitor ce conținea cinci articole. Am scris cu plăcere, dar pe nișă, tehnic, despre lucruri din IT. Stăteam la birou ore-n șir, comandând mâncare acolo, nemaifăcând mișcare, începând să am probleme cu coloana, dureri de cap. Pentru că fiecare zi era un tipar, cu revenire acasă și apucat de alte proiecte, cu patru-cinci ore de somn, aveam să încep o relație aparte. Nu de iubire, ci cu o entitate cumva antagonică: depresia.

În 2008 ne-a lovit criza economică. Grupul Lehman s-a prăbușit, Wall Street-ul a căzut, peste tot a fost contractare, cu concentrarea resurselor pe proiectele viabile, concedieri masive. Îmi amintesc clar ziua în care șefii ne chemau pe rând într-un birou de la etajul patru, urmând să ne spună că zburăm sau rămânem, dar pe salarii ciuntite, pe alte poziții, încropeli de urgență, să supraviețuim. Observam din spatele computerului cum colegii mei se întorceau plângând, își strângeau puținele lucruri, spuneau câteva cuvinte și plecau. Mi-a venit rândul și-am urcat cu emoție de la trei la patru. Știam că-mi făcusem bine treaba: eram singur la site-ul meu și îi crescusem traficul prin muncă grea, ducându-l la un moment dat de pe poziția 240 până pe 2 în sistemul de audit SATI, iar pe primul loc era un proiect cu o redacție de peste 20 de oameni. M-am așezat încet pe canapea și unul dintre șefi mi-a zis că am avut rezultate nemaipomenite, așa că voi prelua un portal foarte mare, unde voi fi redactor-șef, pe un salariu mai bun. Inima mi-a coborât înapoi în piept, le-am mulțumit și am revenit la biroul meu. Colegii au sărit: te-au dat afară și pe tine, nu?

Provocarea mi-a prins foarte bine, dar aveam să sacrific și mai mult din psihic. Presiuni, somn puțin, implicări în alte proiecte. 85 de kilograme a fost masa corporală cea mai mare, care m-a și speriat. În anul patru de facultate ajunsesem o figură palidă, plină de cearcăne adânci, cu un păr în care apăreau primele fire albe, cu oboseală cronică. Eram în burnout și simțeam asta cu toate celulele mele, iar el începuse chiar mai devreme. Am dezvoltat anxietate marcată, atât de mare încât nu mai suportam să stau în metrou, nu mai puteam să privesc oamenii în față, tresăream la cel mai mic zgomot, aveam simptome cumplite care veneau unul după altul, iar un alt ingredient avea să transforme tabloul și să-mi strice orice echilibru. La un stagiu, în spital, teribil de obosit, am căzut din picioare. M-au luat colegii și m-au pus într-un pat, fiind consultat de doi medici, un cardiolog și un neurolog. La o analiză primară, nu au găsit nimic. Episodul s-a repetat și mi-au recomandat să mă verific serios, cum se spune, din cap până-n picioare. Am făcut determinări din sânge și nu au arătat nimic. Electrocardiograma și ecografia nu au decelat nici ele probleme la inimă. Un RMN cerebral nu a arătat nimic anormal. O ecografie Doppler de vase cervicale mi-a găsit artera vertebrală stângă cu un lumen mult scăzut, congenital, dar cea dreaptă era dezvoltată compensator, așa că irigarea se făcea la parametri aproape normali. Urma să merg la o clinică de la Iancului, să mă vadă și un alt neurolog bun. Pe holul unei clădiri vechi erau câteva zeci de oameni care așteptau, unii cu privirea pierdută, cei mai mulți cu boli severe. Mă întrebam cu ce anume am greșit, atât de tânăr, să mă aflu acolo, să încerc să descos ițele unor pierderi de conștiență absolut banale, sau poate că nu era nimic banal, de unde știam eu? Am stat două ceasuri uitându-mă pe pereți la un afiș despre Alzheimer, altul despre Parkinson, încă unul despre epilepsie. M-am uitat cu atenție la ultimul, știind acum prea bine despre ea. Dacă aveam asta? Dacă o aveam și eu, epilepsia asta pe care o văzusem cu câțiva ani în urmă desfășurându-se într-o criză majoră, apoi altele mici, parțiale, de toate felurile, că le știam prea bine. Citisem tot ce apucasem despre epilepsie, cum apare, cum se manifestă, cum se poate trata, cum dă viața peste cap. Eram deja sensibilizat printr-o stare de șoc, dar refuzam să cred că pot face așa ceva, chiar dacă nu era deloc exclus. Cum să fie exclus? Căzusem pe jos, aveam momente în care simțeam flash-uri puternice în cap, țiuituri în urechi, pierdeam memoria unor evenimente recente. Am intrat în cabinetul medicului și i-am povestit totul, inclusiv de povestea din urmă cu câțiva ani, care mă speriase atât de tare. M-a privit oarecum indiferent, ca pe un alt pacient dintr-o listă lungă și obositoare pentru el, iar asta m-a deranjat, deoarece așteptam ceva mai multă căldură. Domnule, ai un om aici, un tânăr speriat, cu o poveste în spate, agățându-se de experiența dumitale pentru a dezlega un diagnostic, dacă el exista. La solicitarea de a face un rictus, mi-a zis că fața mea e asimetrică, cu șanțurile nasolabiale distorsionate. N-am primit o paletă bogată de explicații, ci o trimitere la electroencefalogramă și la ecografie Doppler de vase cervicale. La cea din urmă am ajuns la spitalul Obregia, zis și 9. Când așteptam, obosit și debusolat, în fața unei clădiri de tip pavilion, pe o bancă din lemn, lângă mine a venit o tânără, a început să strângă frunzele de pe ciment și să le ducă, una cu una, la coșul de gunoi. După fiecare debarasare spunea *Dumnezeu să te ierte* sau *Ai murit, să ajungi într-un loc mai bun.* O priveam stupefiat și nu-mi găseam locul în acea lume a patinărilor între planuri. Până să intru la examinare, au apărut pe altă bancă aflată la trei metri depărtare un domn și o doamnă, pe la 50 de ani fiecare, evident soț și soție. N-am văzut nimic anormal, dar pendulând între tânăra cu frunzele și aleea mare pe care mai vedeam medici, asistente, rezidenți, domnul a căzut și corpul a început să-i tremure, iar soția îi ținea capul, stropindu-l pe față cu apă dintr-o sticlă. Și-a revenit repede, s-a pus pe bancă și s-a transformat, fiind agitat și chiar agresiv, certându-și soția că de ce îl aduce la medic, că el nu are nicio boală. M-au chemat la consult. O senzație plăcută a pus repede stăpânire pe mine, pentru că-n acel mediu respingător, pătrundeam pe un hol plin de lumină și flori în ghivece, iar la o măsuță, conferențiarul le explica ceva unor rezidenți. M-a văzut și m-a chemat aproape de ei, știind că sunt student la medicină, explicându-mi și mie cazul. Apoi, în salonul de examinare ecografică, m-a pus pe un pat, mi-a dat cu gel rece pe gât și ceafă, apoi mi-a plasat sonda ecografului pe carotide, dar și pe arterele posterioare, vertebrale, detaliindu-mi ce face, ce vede, care sunt parametrii normali. Nu părea a fi ceva în neregulă, doar una dintre vertebrale, o arteră care intră în craniu și se unește într-un poligon special de la baza creierului, era subdezvoltată, dar sora ei de pe partea opusă se prinsese de schemă și reparase neajunsul. Prin urmare, nu un flux mic generase sincopele. Medicul conferențiar m-a întrebat în ce cămin stau și, când i-am spus, replica a fost plină de uimire: *și eu tot acolo am stat!* Le-am mulțumit și am pus pași mărunți pe holul plin de lumină, cu soarele bătând în fața mea obosită, suficient cât să-mi dea o rază de speranță.

N-am reușit să prind loc la EEG mai aproape de mine, așa că m-am programat tot la Obregia, chiar dacă uram să trec pe acolo și să pătrund pe teritoriul unor boli care mă speriau. În mine creștea ideea că am epilepsie, iar asta îmi va face viața un calvar, pentru că orice tratament nu va ține lucrurile deplin sub control, iar mai târziu nu voi putea conduce o mașină, sau nu voi putea face medicină deloc. Cum ar fi să am un caz între viață și moarte în camera de gardă, iar atunci să fac eu, ca medic curant, o criză? Mi-am luat inima-n dinți și am plecat spre electroencefalogramă, pe care țin minte că o mai făcusem în copilărie. Când eram mic aveam dureri mari de cap, inexplicabile, și episoade recurente de epistaxis. Mama m-a dus la un medic care mi-a lipit o bandă cu electrozi de cap și m-a dat cu mult gel, să conducă bine curentul. Nu mi-au găsit nimic. La Obregia, un medic simpatic, grizonant și pus pe șotii, mi-a montat o bandă asemănătoare, și mai mult gel, dar mi-a solicitat și să privesc într-o lampă care făcea flash-uri puternice de lumină, precum și să respir rapid, amplu, de multe ori, până am simțit furnicături în tot corpul și eram aproape să leșin. Pe o hârtie specială erau tot felul de unde pe care nu aveam cum să le înțeleg. M-am dus cu hârtia asta și cu cea de ecoDoppler la medicul neurolog de la Iancului, și după ce am așteptat alte două ceasuri pe holul trist, holbându-mă la aceleași pancarte, medicul a ieșit și m-a gonit acasă, spunând că nu are timp de mine în acea zi. Când să vin? *Cam peste o săptămână, să se mai elibereze aici.* În acea săptămână m-am angoasat și mai tare, făcând atacuri de panică în care eram convins că sufăr de infarct miocardic acut sau poate fac accident vascular cerebral, una din ele, dar de murit mor sigur. Am ajuns în urgență la spital, disperat să fiu văzut mai repede, spunând că mor într-un minut. Medicii de acolo, mai trecuți prin astfel de cazuri, m-au pus într-un pat și m-au lăsat o jumătate de oră, timp în care am mai simțit că mor, dar evident că am rămas aici. M-au expediat apoi, cu rugămintea să fiu văzut de un psiholog sau chiar psihiatru. Asta mi-a picat foarte bine. S-a dus săptămâna și iată-mă iar la clinică, pe hol, printre oameni cu Alzheimer, Parkinson, epilepsie, scleroză multiplă și altele asemenea. De data asta asistenta m-a invitat jovială în cabinet, m-a poftit pe patul de la fereastră, iar medicul s-a uitat rapid pe hârtii. *La artere e totul bine, dar la EEG, nu. Ai niște unde care nu arată cum trebuie, astea pot apărea în epilepsie, plus tot ce mi-ai povestit, simptomele, se cam leagă, dar nu mă pronunț sigur acum. Pun aici sub observație și ne mai vedem, cu mențiunea că dacă faci vreo criză, sau dacă cineva de lângă tine observă una, vii imediat, că neapărat începem o schemă de tratament.* Și eu cum trăiesc, ce fac mai departe? *Ți-am zis exact ce faci.* Mulțumesc, o zi frumoasă să aveți. Mi-a zâmbit și asistenta, probabil fusese o zi ceva mai ușoară pentru ei, dar și pentru mine. Era chiar de sărbătorit, să sar de bucurie, dar nu pe hol, să nu-i șochez pe puținii pacienți aflați acolo. Chiar în fața clădirii cu clinica era stația de tramvai, goală. M-am dus la mijlocul peronului și m-am sprijinit de barele metalice galbene, uitându-mă sus, spre cerul înnorat. Totul va fi bine. N-are cum să fie. N-are cum. Nu mie. Nu mi se poate întâmpla chiar mie una ca asta. Nu are cum. La fel cum acea tânără lua frunzele și le ducea la coșul de gunoi, am strâns hârtia medicului în pumn și-am aruncat-o în coșul de la capătul peronului, fără să mai zic *Dumnezeu să te ierte* sau *Ai murit, sper să ajungi într-un loc mai bun*. Nu avea cum să fie cuvântul cu e, pe care-l știam prea bine și de care mă temeam cumplit, dar îl simțeam improbabil, într-o formă de naivitate dusă la extrem. Negarea face parte din adaptarea firească a omului, dar realitatea poate fi într-un fel indiferent de această negare, iar ulterior este inerent să vină acceptarea și, ideal, complianța, că altfel riscurile sunt majore. Un om care primește un diagnostic de cancer va crede că nu are cum, de ce tocmai lui, cu ce anume a greșit, îl va nega, apoi va trebui să-l accepte și să meargă pe recomandările medicilor, nu pe crezuri diverse sau terapii alternative, că va fi jale. La mine era altceva, dar cumva similar. Intrasem pe un teritoriu șubred, aproape de pământ, iar orice acțiune viitoare avea să poarte amprenta cuvântului *epilepsie*.

4

vindecare

Au urmat nişte ani de coşmar, în care îmi era teamă să nu fac o criză, să nu leşin pe undeva. M-am retras în mine, într-un univers în care găseam linişte, speranţă, alinare. Mă priveam în oglindă și mă percepeam străin de corp, cumva dedublat, nu aveam o legătură solidă în acea interfaţă cu lumea care mă speria din ce în ce mai mult. Îmi era frică de cele mai mici lucruri. Dacă-n copilărie și-n liceu mergeam des la scăldat și eram un înotător grozav, trecând chiar braţul Borcea de mai multe ori, acum nu mai intram în apă mai mare de buric, având o anxietate marcată, o teamă să nu leşin acolo. Nu prea mă mai bucuram de nimic, iar de piciorul meu era legată o bilă grea, cu lanţ, care-mi încetinea orice activitate. În mine, pe mine, stăteau monştri întunecaţi. Aveam senzaţia că nu pot să respir, nu mă odihneam bine, stomacul îmi punea probleme, muşchii mă dureau și erau plini de crampe, inima ba o lua la trap, ba se oprea, simțeam dureri în piept, aveam episoade de cefalee groaznică. Drept bonus, după atacul de panică ce m-a împins la spital, m-am pricopsit cu un tinitus continuu care mi-a degradat semnificativ viața. Am un zgomot în urechi, nu mă lasă să citesc, mă deranjează când e liniște, la oboseală îl simt mai puternic.

Am încercat să stau eu cu mine și să fac o regresie temporală, o derulare. Am scos caseta viețuirii mele și i-am întors banda cu un creion. Greșisem. Intrasem singur în burnout, muncind tot mai mult, pierzând echilibrul aici, din dorința de a avea rezultate mai bune, a câștiga mai mult, a învăța să fac lucruri diverse, a avea un alt statut văzut la alții. N-am știut unde și când să zic *nu*. A contat enorm acea epilepsie la care eram sensibilizat excesiv, acel consult anapoda pe care cred că tot eu l-am împins pe căi greșite, toți anii de muncă grea, încercarea de a avea rezultate bune și la medicină, somnul precar. În anul șase de facultate, la început, când împachetam ultimele stagii și urma să ne retragem pentru a ne pregăti pentru rezidențiat, m-am dus la șeful meu și mi-am prezentat demisia. *Ești sigur că vrei să faci asta? Ai un job bun, ai rezultate excelente aici, câștigi bine, iar acum dai cu piciorul și te arunci într-un domeniu în care știi că sunt prea multe neajunsuri.* M-am ținut tare, chit că avea dreptate. Nu, am luat decizia deja, e definitivă.

Vreau să fac medicină ca să vindec și să mă vindec. Nu știu acum care e mai importantă dintre ele. Ne-am strâns mâinile și am plecat.

De când m-am angajat până în momentul demisiei mele, cu toate atacurile de panică, rătăcirile, depresiile adânci, burnout-ul, încercările cu diagnosticul acela, aproape mi-a fost o femeie minunată, care ar fi putut să bată-n retragere de un milion de ori, dar nu a făcut-o. Irina a fost acolo, a mers cu mine pe unde a putut, dar am pierdut-o eu de mai multe ori, pe drum, din incapacitățile mele multiple. Iar toate pierderile mai mici au dus la o pierdere mare. Imediat după demisie am luat o excursie la Barcelona și am avut parte de momente extraordinare, chiar dacă în inima mea știam că mă voi rupe. Printre clădirile lui Gaudi, în acele locuri fantastice în care oamenii trăiau cu zâmbetul pe buze, încercam să mă adun și să apreciez și eu ceea ce experimentam, într-un prezent la care dacă te conectezi cu adevărat, n-ai cum să nu-i devii dependent. Într-o seară am ieșit singur să mă plimb și am luat-o de pe Ramblas până la Sagrada, aflată firește în construcție. Era atât de liniște, un aer răcoros, cam douăsprezece grade afară. În plimbarea mea, i-am dat ocol catedralei și într-unul dintre capetele sale am văzut o ușă impozantă. Ceva m-a împins să intru, pătrunzând într-un soi de capelă cu bănci de lemn și orgă cu tuburi pe perete. Nu părea să fie cineva înăuntru și ceasul bătea aproape de miezul nopții. M-am așezat pe o băncuță să mă gândesc la toată viața mea, la căderi, la consulturi, la depresii, la lupte, la ce făcusem bine sau greșit. Printre gânduri, tinitusul meu începea să fie abolit de câteva sunete, la început timide, apoi tot mai curajoase și legate între ele. Cineva cânta la pianul conectat la orgă, iar sunetele îmi dădeau ocol, apoi se ridicau spre tavan. Era o melodie gravă, aparent tristă, în perfect acord cu starea mea. Era doar pentru mine.

Mai târziu am auzit aceeași piesă într-un magazin și am întrebat vânzătorul care e numele ei. Adagio de Albinoni. Acest *adagio* avea să mă urmărească mult timp.

Aruncat în procesul de pregătire pentru examenul de rezidențiat, m-am izolat și mai tare. Ieșeam rarisim din casă, camera îmi era plină de foi xeroxate, cărți, grile, markere, căni cu cafea. Dacă m-aș fi priceput la citit în zaț și aș fi crezut măcar puțin în asta, aș fi descoperit că urma să dau iar greș. Dar n-am citit în cafea și am trăit pe pielea mea, de novo, mai târziu.

La examen am ajuns epuizat, intoxicat cu cofeină, distrus de gânduri, străin de oameni și lumea înconjurătoare, cu dureri mari de cap, cu tinitusul meu exacerbat. Am încercat să mă adun și, timp de patru ore, am răspuns unor grile stupide făcute după o materie vai de mama ei, unde toceala e regină. Examenul odată încheiat a însemnat un sistem de corectare adhoc, iar punctajul meu era bunicel, dar nu extraordinar. Gândindu-mă la anii trecuți și la cum se luaseră specializările, am calculat că aveam suficient pentru reumatologie, un domeniu care mi se părea interesant, dar și cumva comod, pentru a continua să scriu și să mai fac unele proiecte web. În ziua alegerii specializărilor, persoana din fața mea a luat ultimul loc pe București pe reumatologie, nu știam că pot alege în alt oraș și să fac apoi o detașare specială, așa că am mers pe medicină internă. Nu, nu aveam soluție de rezervă, a fost o încropeală de moment, știind că fie pot schimba apoi, fie construiesc peste interne ce mai vreau. În realitate, orice ar spune medicii în vârstă și profesorii, medicina internă e cam nonsens acum, în era specializării țintițe. A fi internist înseamnă să faci cardiologie, gastro, neuro, reumatologie, pneumo, cam orice domeniu nonchirurgical, iar asta atrage neajunsuri, pentru că ai nevoie de pregătire amplă, continuă, dar ajungi de la un punct să fii nevoit a trimite pacientul către celelalte specializări. Întristat, m-am întors acasă și-am zis să trag un pui de somn. Voi vedea eu pe parcurs ce va fi.

Am ales un spital în care făcusem reumatologie în facultate și-mi convenea că era micuț, bine dotat, cu medici ce păreau de treabă. M-au lovit imediat niște lucruri dure: salariu de 800 de lei pe lună, rotații de stagii în care stăteam cu zecile într-o cămăruță și așteptam ore bune să primim o amărâtă de foaie, reacțiile unor profesori care se luau în voie de rezidenți, reacțiile unor pacienți care considerau rezidentul ultimul prost de pe fața pământului, munca extrem de grea, aruncarea în brațe a foilor de internare sau externare. Pentru că m-a văzut mai solid, o doamnă conferențiar m-a repartizat la terapie coronariană, un salon cu șapte paturi care mi s-a părut cumplit. Am intrat acolo și am văzut pacienți în stare gravă, cuplați la tot felul de aparate. În prima mea săptămână am fost martor la cinci decese. Nu înțelegeam ce caut în acel spațiu, unde am greșit, nu puteam lega materia proaspătă din cap cu practica, simţeam că nu voi face niciodată ceva bine, că nu voi trata nimic. Mai mult, acea sabie era mereu deasupra capului meu, îmi era teamă să nu leşin, mă duceam frecvent într-o baie izolată, de lângă radiologie, să respir lent şi să mă spăl cu apă rece pe faţă. Uneori nu mai puteam controla mâinile, aveam presiune în piept, o emoţie puternică, respiraţia mi se bloca, iar în mintea mea ştiam că sunt aproape de acel cuvânt cu e. Mă rugam să nu mi se întâmple, să trec peste, fugeam repede din salon, mă chirceam undeva şi mă motivam să-mi revin. După o lună am zis că renunţ la tot şi fac altceva, mai ales că ştiam programare, mă pricepeam şi la scris. Cu sporul de terapie de 75% ajungeam pe la 1300 de lei, dar abia îmi permiteam să trăiesc, să plătesc o chirie la o casă modestă şi să mănânc ceva. Motivat de un medic pe care la început l-am considerat respingător, am continuat lupta şi-a început chiar să-mi placă acolo, în USC. Dincolo de atmosfera apăsătoare, era un mediu propice pentru culegerea de poveşti. Aveam să trec bariera anamnezelor reci, îmi promisesem că voi scăpa de fricile mele, că mă voi apropia cât pot de tare de pacienţi şi voi face totul pentru ei, chiar dacă asta însemna sacrilegii din partea mea.

Dincolo de mersul la spital și câteva activități din sfera culturală, acei ani au fost lipsiți de iubire, din teama unui deznodământ similar celorlaltor povești. Câteva încercări timide cu o fată care a promis că mă bate după ce mi-a dat cu niște lalele în cap, cu alta care a plecat în Germania, probabil ca să fie cât mai departe de mine, cu una care n-a mai dat niciun semn după ce a văzut unde locuiam, probabil fiind și trasă de curent, n-am mai avut nimic, iar singurătatea mea a însemnat refugiu în spital, alături de oameni, de unde am cules lecții, am învățat să-i iubesc și să le mai alin din suferințe. Toți mi-au atins inima. Cred că m-au vindecat ei mai mult pe mine, decât eu pe ei.

5

prezent

Stau în balconul meu, cu geamul deschis. Sunt în anul trei de rezidențiat, am început gărzile de fir II, adică văd direct toate cazurile care se prezintă în UPU, iar doar la nevoie apelez la firul I. M-am obișnuit cu medicina de urgență, cu prezentările grele, cu situațiile la limită. Ador pacienții. Rarisim mai am perioade în care mi se face rău, dar sunt teribil de obosit. Sunt puțini rezidenți, am și peste șapte-opt gărzi pe lună, cazurile din USC sunt oricum solicitante. Ne mor oameni, din prea multe tare. Am legat prietenii frumoase cu cei care revin, ne recunoaștem imediat și stăm la povești imediat ce se stabilizează. Poate voi scrie cândva o carte despre toți, ca să-i elogiez, să spun acolo cât de mult au contat pentru mine și-n felul acesta să nu-i uit niciodată. Aș vrea însă ca prima carte, pe care mi-am pus-o-n cap acum, să fie un roman, ceva fermecător, să fac cititorul să nu lase povestea din mână. O idee ar fi titlul *O jumătate de roman*, în care să arunc o poveste misterioasă, apoi să opresc cuvintele la jumătate, iar cititorul să rămână proiectat în nevoia de a continua singur acțiunea. Mi se pare tare, nu știu dacă s-a mai făcut așa ceva. Sau să scriu o poveste de iubire, nu despre ce am trăit, ci despre ce mi-ar plăcea să trăiesc. Să fie o altă poveste de iubire. Hai să trec asta pe o foaie, *O altă poveste de iubire.* Dar ce să scriu?

Prietenii mei cei mai buni și-au lăsat deoparte relațiile lungi și s-au decis să fie împreună. Se iubesc și se potrivesc, chiar s-au mutat într-un apartament de curând. M-am văzut cu ei și Ioana mă tot înțeapă cu statusul meu de burlac perpetuu, prezentându-mi tot felul de oportunități pe care încerc să le barez, că sunt prea prins în medicină. *Un exemplu nu face parte din lista de oportunități, dar hai să-ți vorbesc despre ea, că mi se pare fix pe stilul tău. Claudia s-a născut în România, până la patru ani am copilărit împreună în același bloc, apoi a plecat în Paris cu toată familia, continuând să mai vină în vacanțe, la bunici. E blondă, misterioasă, are așa, un je ne sais quoi, exact ce-ți place ție. Hai să-ți arăt o poză, cred că mai am cu ea.* Și mi-a arătat câteva poze, iar în neuronii mei firavi s-a întipărit adânc imaginei ei. Claudia din Paris.

Privesc spre televizor și e ora știrilor pozitive.

Mâine e duminică. O primă știre pozitivă. Azi e sâmbătă. Alta. În USC, pacienții respiră bine, sunt ca niște copii și se joacă între ei. Timpul i-a iertat pe toți și a promis să nu le facă niciun rău. Moartea a fost oprită la ușă de către paznic, nu avea niciun buletin la ea, așa că n-a lăsat-o să intre. Prin urmare, cum moartea și timpul au ieșit din joc, în joc au intrat pacienții, fără dureri, cu zâmbete pe buze, cu chef de stat la taclale. În lume e cer senin peste tot, iar unde e noapte e tot senin. Sunt stele pe toate părțile, unele se văd cu ochiul liber, altele cu ochiul închis. Acestea au fost știrile, revenim când putem cu altele. Mulțumim pentru atenție.

Pe domnul I. l-am cunoscut într-o gardă, când a venit cu picioarele umflate, cu respirație grea și oboseală marcată. L-am internat în USC cu insuficiență cardiacă clasa IV NYHA, asta însemnând dispnee în repaus. Așezat în pat, nu putea să stea culcat și trecea în decubit, pe mijlocul patului, sprijinit cu mâinile de saltea, cu picioarele puse pe pardoseală. Avea ochi mici, migdalați, de om bun, dar suferea. I-am remarcat șosetele tăiate cu foarfeca la glezne, ca elasticul lor să nu-i strângă piciorul. La ecografia de cord, fracția de ejecție era sub 20%, adică inima trimitea foarte puțin sânge în corp, iar de aici veneau toate semnele și simptomele. I-am pus doze mari de diuretic, să scoatem apa în exces și să ușurăm activitatea inimii. Domnul I. era o nebunie de om, după cum avea să mi-o dovedească în nenumărate rânduri. Acum e internat iar, în patul șapte, ultimul din dreapta. Mă bucur că la știri au spus că e bine.

Soția îl vizita la început zilnic să-i aducă mâncare și produse de igienă. Îl iubea așa, în starea în care se găsea, făcând sacrificii pentru el. Avea pe la 50 de ani și putea oricând să fugă, să trăiască altceva, dar era acolo mereu. M-a luat într-o zi pe hol să mă întrebe dacă eu cred că va muri, că ea așa simte. I-am zis că nu, în principiu nu se pune problema, trebuie să echilibrăm inima și va fi mai bine. A izbucnit în lacrimi și nu știam cum s-o opresc. Dar să n-o opresc, că plânsul face parte și el din viață. O cam certa din nimicuri și se consumau, dar el nu era deloc un om rău, ci fusese transformat de boală. E ușor să spui ceva despre cineva, dar nu poți să-ți dai seama cu adevărat cum stau lucrurile, oricâtă empatie ai avea. Nu ești în acea situație. Nu iei un pumn de pastile, nu obosești stând, nu ai brațele ciuruite de ace, nu ai picioarele făcute butuc, nu ai dureri în piept. Schițezi un soi de transpunere în corpul respectiv, dar o faci cu optica ta și implicit cu lipsa de suferință, că tu ești bine-mersi. I-a spus că nu vrea s-o mai vadă niciodată, dar ea a continuat să vină. Exista o iubire acolo, chiar dacă era sufocată dintr-o parte.

Mă duc să dorm puțin și revin să fac viitorul. Am scris pe foaie *O altă poveste de iubire*, dar și *O jumătate de roman*. Voi discuta cu Ana, să vedem ce zice. Mă simt în stare să scriu una din ele, dar nu știu care e mai bună. Am aici balconul pus în ordine, am televizorul cu știri bune, teiul e pe cale să înflorească, trăiesc cu puțin, sunt tot în burnout, dar măcar m-am mai obișnuit. Am toate ingredientele să scriu o carte bună și ar fi păcat să n-o fac.

6

viitorul

Să scriu o carte.
Să călătoresc mult.
Să scap de burnout, anxietăți, depresii.
Să fiu un medic bun.
Să găsesc un echilibru.
Să slăbesc. Neapărat. Arăt ca naiba.
Să-mi repar deviația de sept.
Să am o relație lungă și frumoasă.
Să nu alerg după cai verzi pe pereți.
Să mă deschid mai mult.
Să-mi lărgesc zona de confort.
Să ajung să trăiesc totul cu uimire.
Să am curaj.
Să învăț să spun nu.
Să dăruiesc.
Să iau un pește portocaliu.
Să învăț mai bine engleza.
Să citesc minim zece cărți pe lună.
Să am un corp frumos.
Să văd ce naiba fac cu părul care cade.
Să-mi reglez musai somnul.

Să încep să scriu despre viața în spital.
Să am o emisiune a mea. Nu, e prea mult.
Să-mi pot permite să stau în alt loc.
Să o vizitez mai mult pe bunica.
Să mă reapuc de pictură.
Să învăț să cânt la pian. Oare nu-i târziu?
Să am o viață frumoasă.
Să fiu sincer.
Să găsesc un scop.
Să aduc un pic de bucurie celorlalți oameni.

Lista e cam lungă, unele lucruri din ea se vor schimba negreșit, va fi nevoie de mult timp, dar măcar am un fel de țintă și de data asta chiar mă pun serios pe treabă!

7

ana

Duminică, soare, cafea, Ana. Nu-i Ana, că e la biserică. Nu-i nimic, o aștept, ard de nerăbdare să-i zic de ideile cu cartea, să vedem care i se pare mai potrivită. Jumătatea de roman mă tentează, am și un schelet în cap: un medic tânăr nu se mai duce acasă, pentru că descoperă o cămăruță într-o aripă a spitalului scoasă din circuit, ducându-și acolo haine, încropindu-și un loc de dormit pe un pat vechi. Vede pacienții, face gărzi multe, nu se prinde nimeni când fuge sus în cămăruța lui, unde citește și se gândește la milioane de chestiuni superficiale sau profunde, de regulă profunde. Prin fereastră vede turnul unei clădiri, iar pe el e o statuie care seamănă cu un conchistador spaniol. Fără să știe spaniolă, medicul îi povestește conchistadorului tot ce a făcut peste zi, iar statuia nu pricepe din două motive: pentru că nu primește mesajul în spaniolă și pentru că e statuie. Bun, dar unde se duce firul? Nu e suficient de palpitant. Are medicul de fapt o afecțiune psihică? Sau are o nevoie de a-și construi un prieten imaginar? Nu e foarte rău, dar trebuie umblat aici, să vedem ce zice și Ana.

S-a întors și e în balcon. Cafea nouă pentru mine, în ceașcă cu delfini turcoaz pe toartă și margine roșu-palid. Privesc contrastul aproape hipnotizat. Așadar, pe lista viitorului am cartea și e *must do* rapid, aici, acum. *O jumătate de roman? Și când scrii cealaltă jumătate? A, n-o mai scrii? Păi lași paginile goale, exacte în număr cu cele scrise? E risipă de hârtie, e mai mare păcatul, doar ce-am fost și la biserică. Dacă faci cartea doar din paginile scrise, e interesantă ideea, dar nu-mi place asta cu statuia, n-are nicio noimă, să nu te superi. Scrie despre tânărul medic și eventual găsește un pacient cu o particularitate, o legătură între ei. Poate medicul pierde la un moment dat acel pacient și simte că a pierdut o jumătate, și-n același timp el a devenit o jumătate din jumătatea lui. Eu n-aș fi în stare să scriu, dar dacă tu vrei să te înhami la asta, cred că ideea e bună.* Nu e bună deloc. E genială. De unde le scoateți? Asta cu jumătatea pierdută și apoi reducerea la jumătate din jumătate. E genială. Mă mai gândesc eu azi, să conturez ceva aici, poate să fie o pacientă și de fapt să existe o poveste de iubire. *Duci lipsă, nu-i așa?* Nu, sunt ok. *Oare?* Da. Sau nu. A doua opțiune cu cartea, dar mai bine nu v-o zic, că e prea pe față. *N-o zici, pa pa cafea cu mine. O să și ghicesc în ea mai încolo.* Fie. A doua s-ar chema fix așa, O altă poveste de iubire. *Hmmm. Dar de ce alta? Nu sună rău deloc, dar vreau să înțeleg.* Alta pentru că, nu știu, cred că va fi o altă încercare, după ce am zis că nu mă mai arunc niciodată într-o poveste, simțind că repet un tipar, că ajung să pierd relația, că mă trezesc în același punct. Alta pentru că lumea să așteaptă la ceva neted și frumos, dar a mea nu va fi de film, ci de viață, conținând și suferință în ea. *Vrei să o faci să fie tristă? Am observat că ai tendința asta.* Știu. Am componenta asta în mine, nu pot scăpa de ea, dar nu știu dacă va fi tristă, nici nu am habar de protagoniști, dacă mă pun pe mine sau construiesc altceva, dacă mă folosesc de ce am trăit sau inventez totul. Cred că ar fi mai ușor de abordat jumătatea de roman, sincer. Acolo am lucrurile sub control, voi scrie despre medicină, plantez o poveste, văd eu cum o manevrez, voi fi ca peștele în apă, că tot am pe listă să-mi iau și un pește portocaliu. *Nu-ți lua pește, ia o pisică mai bine. Eu nu suport peștii, să stai să cureți acvariul, să le schimbi apa, să le dai să mănânce.* La fel faci și la pisică, plus că o mâță dărâmă și toate obiectele din casă, bonus. *Da, dar privește partea bună: tu nu ai multe obiecte.* Adevărat, dar dacă îmi distruge foile de pe balcon? *Hai, că vorbim vorbe, nu ai scris nimic și oricum nu iei nicio mâță, la cât stai prin gărzi și lipsești nu ai cum să ai grijă de ea. Nici de tine nu prea ai.*

S-a terminat cafeaua și am întors ceștile cu delfini pe hârtia albă, așezată pe tavă. Avea dreptate. Nici de mine nu mă îngrijeam. Nu mă iubeam, nu eram împăcat cu mine, așadar nu puteam avea nicio altă relație, nici măcar cu o mâță.

Ghicitul a arătat ceva interesant: voi scrie totuși o altă poveste de iubire. Șmecheră Ana, ce să zic. I-am luat și tensiunea. 125/78 mmHg. Brici. Frecvența luată cu degetele pe antebraț, 74 bătăi pe minut, pulsul neregulat, de fibrilație. Totul bine, să zicem.

8

fluturi

Ana zâmbea tot timpul și când o vedeam o senzație puternică îmi încălzea inima. A mea era bună, credeam eu, a ei bătea anormal, cu o fibrilație atrială ținută în frâu de multe medicamente. La o vizită i-am povestit cum bat atriile ca niște fluturi, cum funcționează cordul pe baza unor curenți, cum se protejează camerele inferioare să nu o ia razna, cum medicamentele administrate cu pumnul o ajută să controleze transmiterea curenților de sus în jos, dar mai fac ceva, chiar mai important, și anume subțiază sângele, să nu se formeze cheaguri. Se chinuia cu sintromul, pentru că trebuia să facă o analiză cel târziu la o lună, INR, ca să fie sigură că are parametrii coagulării optimi. Am intervenit puțin și am preluat această sarcină, să-i fie mai ușor. La trei săptămâni se îmbrăca elegant, o lua încet printre blocuri, ieșea la stația tramvaiului 41, cobora la Turda, iar de acolo venea pe jos pe Mihalache, până la spitalul în care lucram eu. Era oaza mea de liniște și lumină când apărea, cuminte, luând loc pe un scaun. O trimiteam la recoltat sânge în cantitate mică, doar pentru INR, apoi nu o mai puneam să aștepte inutil, pentru că oricum aveam să culeg eu rezultatul și să i-l transmit mai târziu. Pleca să se plimbe prin Kiseleff, unde mai și citea pe o bancă, apoi își continua ziua cu piața și altă doză mare de citit. Ana trăia într-o simplitate care mă fascina, iar mai târziu am trăit asta cu toată ființa mea. Mânca puțin, cumpăra o mână de alimente, îi plăcea să se plimbe că făcea bine la circulația picioarelor, citea mult, se uita puțin la televizor cât să prindă știrile importante sau să vadă un film, ieșea pe balconul lipit de al meu, cu o cafea delicioasă, iar toate erau făcute lin, fără grabă, cu bucurie. M-a întrebat dacă-i poate face rău cafeaua la fibrilație, iar eu, din tot ce citisem, i-am spus că nu. S-a bucurat de validare și uneori mă invita să bem împreună. Era coerentă în idei, tobă de carte, jucăușă. După o cafea, într-un weekend, a întors ceașca mea pe tăvița pe care pusese și o foaie albă de hârtie, a lăsat-o câteva minute, apoi a răsucit-o și s-a uitat bine în interiorul ei. *O să ajungi departe tu, vei scrie și cărți, vei fi iubit, o să ai și noroc. Scrie clar aici. Dar vei și suferi mult. Ai în tine partea asta de rătăcire, de suferință cruntă. Tu te rupi când îi vezi pe alții că suferă, iar asta nu e mereu bine.* Am rămas cu capul între urechi, nemișcat, și am întrebat-o dacă chiar crede în cititul în zaț de cafea. Mi-a răspuns senină că nu, a fost doar un joc, dar crede în tot ce mi-a spus, și asta nu prin culegere din cafea, ci prin privit direct în ochii mei. O amintire mi-a străfulgerat creierul: în prima mea gardă, doamna Mariana, asistenta șefă din UPU, s-a uitat în ochii mei și mi-a zis că voi fi un medic foarte bun. Pe asta cu ochii n-am prea priceput-o, eram sensibilizat la clișeul că ochii sunt o fereastră către suflet, dar dincolo de metaforă, nu puteam desluși altă explicație. Poate uneori e mai indicat să nu ne batem capul cu prea multe explicații. INR-ul Anei a fost 2.6, perfect, pentru că trebuia să stea între 2 și 3 ca să fie anticoagularea optimă. Urmau trei săptămâni fără nicio analiză, motiv de bucurie pentru ea, pe undeva tristețe pentru mine, că nu aveam să o mai zăresc la spital, cuminte, așteptându-mă pe un scaun de la parter. Fiecare lucru poate avea, în același timp, un unghi bun și unul rău.

Până să ajung acasă și să bat în ușa vecinei mele, avusesem la spital un caz ciudat, care mă marcase profund. O doamnă pe la 50 de ani venise în salonul de cardio de la reumatologie. Se prezentase în UPU, unde de gardă era chiar medicul ei curant.

Doamna avea o boală autoimună ce-i afectase sever plămânii; medicul, speriat, a venit cu pacienta în brațe la noi, pentru că se sufoca. Era transfigurată, transpirată, palidă, respira superficial și rapid. Parcă nu avea unde să intre aerul, făcea eforturi uriașe să-l tragă în plămâni și nu era loc pentru el. M-am gândit imediat la un edem pulmonar acut sau o insuficiență cardiacă decompensată, iar în contextul prezentat pe repede înainte de medicul dumneaei, am priceput că era mai probabil să fie a doua entitate, în contextul afectării pulmonare. Am pus pacienta la oxigen, în patul cu numărul 5, ridicându-i-l aproape la 90 de grade, că nu putea respira altfel. Medicul primar din UTIC i-a făcut repede o ecografie de cord, văzând că are o insuficiență pronunțată într-o hipertensiune pulmonară uriașă. Tensiunea sanguină mult crescută în teritoriul pulmonar obosise inima care nu mai putea învinge obstacolul, iar partea ei dreaptă, conectată prin mica circulație la plămâni, nu mai făcea față. La indicațiile medicului, asistenta noastră i-a montat doamnei o branulă și apoi i-a pus lângă pat un injectomat care să bage singur niște substanțe speciale, la un debit bine calculat. O rudă era pe hol, venise și o fetiță care nu înțelegea mare lucru din ce se întâmplase. După aproximativ o oră, zgomotele date de respirația greoaie, agitația, țipetele, toate au dispărut. Pacienta a început să respire mult mai bine, să se mai lumineze la față. Avea pielea strânsă pe tot chipul, ochi albaștri, o priveam și încercam să nu mă prindă. N-am reușit. Câteva secunde ne-am privit ochi în ochi și mi-a șoptit: *vă mulțumesc din suflet că m-ați salvat.* Nu făcusem eu mai nimic. Meritul era doar al medicului din gardă, al celui din salonul special de cardiologie, al asistentei. Aveam însă să fac, peste un timp, mult mai multe pentru acea doamnă. O chema Silvia.

Nu i-am povestit nimic Anei, să nu o sperii. Era destul de panicată cu problema la inimă, pentru că uneori îi creștea frecvența, respira mai greu, obosea repede, iar atunci știa că trebuie să ia o pastilă. De cele mai multe ori se potolea, rarisim era nevoie de mers la spital. Cea mai mare teamă îi era cu sângele, cheagurile, INR-ul. Știa că între fibrilație și accidentul vascular cerebral e o relație strânsă, iar asta o angoasa, oricât încerca să nu se mai gândească. M-am culcat atunci pe canapeaua nouă, schimbând poziția capului spre ușă; până am adormit am făcut o retrospectivă scurtă a zilei - un caz dificil evoluase favorabil, o văzusem la spital pe Ana, INR-ul fusese bun. Am trecut iar cu capul invers, deoarece simţeam un pic de curent dinspre uşă. Oare când voi părăsi acest loc, ajungând în unul mai bun? Şi, cum toate lucrurile au mereu un unghi bun şi altul rău, ce voi face când voi vâna ceva mai confortabil, urcând la nivel de calitate a vieţii, dar voi pierde apropierea de vecina mea dragă? Cu asta în capul meu vraişte, am închis pleoapele, văzând prin obscur lustra strâmbă. În liniştea serii, de parcă eram într-o catedrală, exact ca acel moment din Sagrada, nişte sunete au spart aerul. Erau de pian şi mi se părea că visez. Recunoscusem piesa lui Beethoven, acel Fur Elise construit pesemne din iubire, dar nu se putea să vină de la vecina mea, nu văzusem niciun pian acolo, nici măcar nu era loc de aşa ceva. M-am gândit că e o halucinaţie auditivă şi am adormit.

Mai târziu am văzut că Ana avea pian, sau mă rog, un fel de pianină veche pe care pusese cărţi şi nici nu-i băgasem de seamă existenţa, că o ţinea închisă.

9

halatul

Gardă. Oare ce cred toți pacienții despre mine? Sunt în spital o mașinărie vindecătoare, acoperită de un halat alb. Port un stetoscop la gât, am șase pixuri și-un stilou în buzunarul de la piept, în buzunarul drept de jos țin un carnețel alb și parafa portocalie, iar în cel stâng am un pulsoximetru banal, ca un cleşte care cuprinde pulpa degetului și măsoară saturația de oxigen din sângele periferic. Sunt dotări relativ puține, pentru că cele mai multe se află în interior, în organul pe care cu mândrie îl numim creier. Acolo am pus tomuri întregi, mii de articole, opinii, sinteze de studii clinice, noutăți, atenționări ale organismelor de reglementare, protocoale, ghiduri, prospecte, anatomii absconse; sunt toate impregnate în neuroni și sinapse, gata să fie accesate la orice oră din zi sau din noapte, în cele mai dificile condiții, când îmi pică pleoapele de somn și totuși mai am zece ore de gardă sau când sunt la al optsprezecelea consult din douăzeci și nouă. Dincolo de halat am aceleași caracteristici ca orice alt om: dețin mușchi, piele, rinichi, ochi, stomac, ficat, inimă. Obosesc mai repede sau mai greu. Plâng. Am probleme acasă. Pendulez din clipe de bucurie maximală în depresie abisală. De multe ori nu mă simt pregătit pentru gardă. Uneori depresia îmi aşază o pâclă groasă pe creier şi procesez totul cu o lentoare care mă sperie. Dacă voi greşi? Dacă voi pierde un om din vina mea? Port o responsabilitate uriaşă pe umeri şi încerc să mă descotorosesc de ea, dar nu reuşesc; e mereu acolo, o simt, e viscerală, mi-a pătruns în fiecare organ. Lucrez cu o sabie deasupra capului şi firul îşi mai pierde câte o iţă. E o chestiune de timp până când va ceda cu totul şi sabia va cădea, peste mine şi alt pacient care şi-a pus toate speranţele în capacitatea mea de a-i reda sănătatea. Sau poate cineva mă iubeşte şi mă protejează, ţinând firul puternic. Nu. Nu mie. Nu are cum să mi se întâmple mie una ca asta. Nu voi pierde niciun om şi nu voi greşi niciodată. Am un miros ciudat la cazurile critice şi mereu iau cele mai bune decizii, cu un fler care mă uimeşte. Lucrez la foc rapid, îmi plac acţiunea, garda, cazurile grave, nopţile cu nervi întinşi la maximum, să-i auzi cum pârâie. Îmi place adrenalina. Când ies din câmpul de luptă îmi fac o retrospecţie. Cred că nu mai sunt om. Mă dedublez, mă arunc; construiesc o versiune superioară, capabilă de orice, chiar de lupta cu o entitate convențional neagră, ce fură zilele oamenilor ce mai aveau zile. Întotdeauna oamenii mai au zile, se mai poate ceva, măcar una, dar entitatea apare și se pune de-a curmezișul timpului, anulându-l. În acel loc vine și medicul, bietul de el. Numai că nu mai e om obișnuit, ci altceva. Nu, nu are puteri supraumane, dar așa consideră. Poate că totul e dintr-un amestec de hormoni și substanțe de stress, sau o motivație uriașă. Ar fi stupid să crezi că toate luptele vor fi câștigate, dar senzația de învingere a morții în favoarea unui alt om e absolut copleșitoare. Am sperat că nu voi pierde niciun pacient și știam că e utopie, dar simultan parcă eram învăluit de o manta magică. Ca rezident, după sute de gărzi sau zile petrecute până seara târziu în spital, n-am pierdut niciun om. În clipe de liniște, stăteam cu brațele încrucișate sub cap, pe un pat, într-un salon gol. Mă gândeam la toată grozăvia asta și consideram că, undeva, cumva, cineva mă iubește și mă sprijină în toate acțiunile pe care le iau. Apoi săream în papuci și mergeam ușor pe hol, să mai verific încă o dată pacienții din salonul special de cardiologie, să mă asigur că respiră bine, că dorm, că-n ei e o frântură de timp care a scos din schemă, măcar pentru câteva ceasuri, orice suferință. A rămas o lampă aprinsă și ea sparge întunericul cu o lumină galbenă, plăcută. Nu se moare în noaptea asta. Nu pe garda mea.

E stupid și inoportun să gândesc așa. Pare că dau pe dinafară de aroganță și siguranță, lucruri care n-au ce căuta în medicină, unde o umilință dulce e, dacă nu obligatorie, măcar dezirabilă. N-ai cum să fii sigur că un caz e așa și nu altfel. Uneori primești o palmă grea și-ți dai seama că ai fost pe o pistă complet eronată. Trebuie să-ți iei toate măsurile de siguranță, să apelezi la colegi, să mai deschizi o carte, să accepți că ești totuși mic. Cu toate acestea, am simțit totdeauna pelerina magică. Nu am pierdut niciun pacient în sutele de gărzi făcute, dar m-am păstrat și umil. Am dat mai departe ce nu puteam rezolva. Am sacrificat orice oră de somn pentru cazurile care aveau nevoie de monitorizare. Am preferat să pun un scaun lângă patul bolnavului, să-mi iau o nouă cafea oribilă de la aparat, să mă gândesc la mii de variante și să fiu acolo, pentru orice eventualitate. Iar când schimbam garda și știam că am lăsat lucrurile bune, satisfacția mea depășea orice oboseală. Era o satisfacție nu narcisică, ci plină de empatie. Pentru că în spital nu mai existam eu. Paradoxal, eu muream. Și treceam în toți pacienții care veneau sau erau deja acolo.

Empatia ar trebui să fie bilaterală. Mă roade asta. Oare ce cred oamenii despre mine? Sunt ascuns sub halat și bucata de pânză păcălește, pentru că ea conferă un soi de armură. Medicul are resurse nelimitate, gândește orice, oferă ajutor la orice oră, răspunde la solicitări cu duiumul, nu mai contează celelalte atribute pur umane ale sale. Dacă mi-ar da cineva jos halatul, și nu numai halatul, ci absolut toate hainele, ar vedea ușor că sunt plin de leziuni prin care sângerez, de crăpături, de cicatrici, de gâlme. Pe șira spinării am o atelă legată cu sârmă ghimpată - îmi ține coloana dreaptă, ce-i drept, dar îmi intră adânc în carne. Am piuneze, cioburi, așchii, sârme în tălpi. Palmele îmi sunt tăiate și arse. Locul inimii ține o mare rană vindecândă, dar e așa de prea mult timp. Lasă, să pun repede hainele înapoi, să arunc halatul pe umeri, hai înapoi la lucru, nu e moment propice pentru gânduri de acest fel.

10

zburătorul

Pe domnul N. l-am internat cu fibrilație atrială cu debut incert, alură rapidă. Aproape 80 de ani, cu ușoară oboseală, palpitații rapide, disconfort toracic. A venit însoțit de nevasta dumnealui, superbă, caldă, cu o voce ca de prezentatoare radio. Extrem de grijulie la tot pasul, l-a sărutat când l-am pus pe pat să-l monitorizez și a ieșit pe holul de lângă UPU, să nu ne deranjeze. Inima bătea neregulat, pe la 170 de bătăi pe minut. Electrocardiograma arăta un traseu tipic de fibrilație și se impunea internarea, să încercăm restabilirea ritmului normal al cordului. Infirmiera i-a pregătit un pat în USC și i-am recoltat toate analizele din gardă, să le fie mai ușor fetelor de sus. Cum nu avea fenomene de insuficiență cardiacă, am ales un betablocant în doză mică, apoi amiodarona, un antiaritmic potrivit pentru conversia chimică. Domnul N. a stat cuminte la mai multe perfuzii, iar soția a mers să-i cumpere apă și câteva produse de strict necesar, că restul era asigurat de noi. După ce i le-a adus și le-a lăsat pe noptiera de lângă pat, m-a chemat pe hol să mă întrebe despre ce e vorba, care va fi evoluția, dacă urmează rapid o externare, că nu prea suportă spitalele. Va mai sta câteva zile, sperăm să obținem conversia rapid, apoi să-l lăsăm pe o schemă simplă de tratament și să ne mai vedem la reevaluări. Eram deja obișnuit cu fibrilația, tratasem sute de cazuri, le cam știam pe dinafară. Soția mi-a zis că el a fost cascador, a făcut parașutism de performanță, e dependent de senzații tari, nu poate sta locului. Conduce încă mașina, chiar dacă ea l-a rugat să renunțe. Relația lor se întindea pe 61 de ani, iar iubirea se metamorfozase, se maturizase, dar nu dispăruse deloc. Erau ca niște adolescenți în liceu, se mai tachinau, se jucau, se mângâiau, schimbau priviri. Am rămas la birou să așez totul în mine și mă gândeam la situația domnul I., cu soția care îl iubea, iar el îi făcea rău, probabil fără să vrea. Cred că avem un potențial uriaș de a face rău și nu ne dăm seama de asta, fiind dominați de propriile optici și motive. În minte mi-a venit și doamna Silvia, care trăia singură de mulți ani, împăcată cu ideea, resemnată în cele mai profunde registre. Erau forme diferite de a vedea o sferă încântătoare, dar și apăsătoare în același timp. Iubirea avea loc în terapia intensivă, fără doar și poate. În patul patru de la fereastră se consuma activ, după decenii întregi, încă ardea vie. În patul cinci, acum gol, dar unde stătuse doamna Silvia, era o iubire proiectată, pentru că în mod cert nu-și dorea să fie singură. Nu cred că există vreun om care vrea asta. În ultimul pat stătea un domn care-și respingea soția fără să conștientizeze răul generat, împins de impulsuri nocive amestecate de prea multă boală. Am tinde să credem că boala unește oamenii, le solidifică punțile și-i face să se ajute, să depășească mai repede totul, împreună. În realitate, multe relații se destramă chiar când e nevoia mai mare de unire. Aveam trei tipologii și mă regăseam în toate: mi-ar fi plăcut sincer să am parte cândva de ceea ce trăia domnul N., cascadorul; eram totuși în încălțările doamnei Silvia, fiind singur de mai mulți ani și visând la o relație frumoasă; dădusem în trecut cu piciorul la iubire, purtându-mă urât fără să vreau asta, cum făcea domnul I.

M-au chemat la etajul patru, la ORL, să văd un pacient cu salt hipertensiv și epistaxis. Aveam în buzunarul de la halat un spray cu nitroglicerină, am culcat pacientul pe pat, i-am aplicat două pufuri sub limbă și l-am monitorizat, să nu facă reacții adverse. Totul a fost bine, tensiunea a scăzut treptat, nu brusc, iar soția aflată pe hol mi-a mulțumit din inimă. Sărmanul fusese operat de un cancer laringian și mi-am zis, uite, aici lupta asta agonizantă a unit oamenii. După alte consulturi și vizite, precum și programul obișnuit de a doua zi, am revenit acasă, ținându-mă ca un zombi cu mâna de o bară din tramvai. O doamnă avea un șir de covrigi, miroseau divin și mi-am amintit că am acasă o pungă cu pufuleți, adică fericire. Trebuia doar să ajung acolo și, evident, să se deschidă ușa.

N-am putut să adorm după nicio gardă, sub furtuna de catecolamine din mine. Stăteam cu telefonul și-mi notam întâlnirile, cazurile, poveștile. Oare ar fi bine să încep să le public pe toate pe un blog sau pe Facebook? Sau oare să le includ în carte? Nu, nu în carte, că nu ar citi nimeni despre suferință, boală, spital. Oamenii vor fericire, iubire, roz, idealuri, visuri, proiecții, povești minunate. Și asta înseamnă că prima mea carte va fi scrisă pentru a mulțumi oamenii, a merge țințit cu ce cred eu că le place lor, sau să scriu oare așa cum vreau, urmând să văd apoi? Ar fi un compromis uriaș să scriu doar să fie scris. Și cartea de iubire, dacă merg pe asta, va fi tot cu suferințe, depresii, lupte, dar și raze de lumină, clipe de fericire supremă, dragoste adevărată, recunoștință, adică exact cum e viața reală, nu frescele firave pe care le vedem peste tot.

11

inima

M-am așezat să scriu ceva. Nu prea știu ce, vedem cum curge.

Se reazămă de inimi luna și crește-n ele fiecare poveste cuibărită acolo, de parc-ar fi maree. Le gâdilă cu o pană de struț vișiniu căruia îi plac vișinile; pana e tăiată oblic la capătul cornos, cât să lase lin pe un petec de hârtie, când e înmuiată într-o cerneală nici prea deschisă la culoare, dar nici prea închisă, nu cuvinte, nu aglomerări alambicate de litere, ci coperte de valuri, ca o reprezentare a activității ei principale, puțin cunoscută și mai ales recunoscută în lume. Noi știm că inima apare dintr-un mugurаș lipit de cel din care se dezvoltă creierul, iar la începuturi, cei doi sunt frați locatari ai porțiunii capului. Da, în primele săptămâni de viață intrauterină avem inima în cap. Apoi ea coboară spre piept și rămâne acolo, dezvoltându-se cât să pornească o funcție pe care, deloc surprinzător, o considerăm principală: de pompă. O banală pompă vie ce împinge sânge încă din a patra săptămână petrecută în adăpostul umed uterin, până la sfârșitul vieții, teribilă noțiune. Ca să conștientizezi inima, când ești un pic mai mare decât un embrion, poți recurge la mai multe șiretlicuri. Ai putea pune o mână pe piept, sub mușchiul mare pectoral stâng, până simți o pulsiune, ca o lovitură în peretele toracic. E cât un bănuț de mare și se cheamă șoc apexian, pentru că acolo lovește vârful inimii în torace, când se contractă. Mai poți simți cordul stând pe partea stângă, comprimând o arteră de la tâmplă cu un plan, să zicem format din așternuturi. De fapt nu percepi chiar cordul, ci unda pulsatilă de sânge prin arteră, dar ea îți spune că ai și tu inimă, deci ești în rândul lumii, ce fericire. A treia opțiune ar fi să treci prin niște emoții, ca să vezi atunci trapul și travaliul! Dacă ești curios să faci o electrocardiogramă, poți vedea pe o hârtie rozalie niște linii de parcă au fost trase de un seismograf. Par aiuritoare, dar un medic citește în ele activitatea electrică a cordului, deoarece un curent fin născut din niște celule speciale determină fiecare contracție organizată impecabil; e ca un dirijor de orchestră.

Recitesc. Povestea cu inima merge, restul e cam prostie. Nu se leagă bine. O să arunc foaia. Să mă uit la ce am mai notat prin telefon, poate cos un fel de monstru, ca doctorul Frankenstein, dar unul plin de iubire, din bucăți care par antagonice, dar împreună fac un tot deplin, armonios. Soarele începe să cadă, nu scriu nimic, deschid mai multe cărți și adorm printre ele.

12

compulsiv

Weekend. Mă trezesc iar cu razele peste mine și, nu știu de ce, mă gândesc la Claudia. Din ce a apucat să-mi povestească Ioana, tatăl ei și-a dorit să părăsească o Românie comunistă în care totul era controlat și limitat, el fiind un rebel dornic să trăiască liber, să facă orice, să aibă afaceri, să vadă lumea. A încercat de mai multe ori să iasă, inclusiv spre Pakistan, cu niște muncitori, dar a fost oprit. Apoi a luat în calcul Germania, dar nu puteai păcăli sistemul comunist care cerea o viză specială prin chemare în Berlin, dar care Berlin, că era încă împărțit după intervenția americanilor, britanicilor, rușilor. Prin mai multe cunoștințe, le-a aranjat pe toate și, după multiple aventuri, a ajuns în Berlin și a trecut pe la Checkpoint Charlie, celebrul punct dintre două sisteme antagonice. De acolo, calea a fost spre Paris, oraș fixat ca țintă de mai multă vreme. Când avea patru ani, Claudia și mama ei au plecat și ele, urmând să se adapteze în orașul luminilor dintr-un Mic Paris gri, în care orizonturile erau sufocate de un sistem aflat oricum aproape de apus. Știam despre ea că a avut rezultate foarte bune, vorbește acum perfect franceză, fusese vedeta liceului din Neully, a început după liceu și facultatea de la Dauphine două mastere și o carieră la Unesco, călătorește prin lume, e independentă și împinge orice limită ca să facă ce-și propune. Când Ioana elibera cuvintele, superpozând apoi informațiile prinse peste pozele văzute, am avut un sentiment ciudat că parcă o știam de undeva. Distanța, firile diferite, clasele distincte îmi ziceau însă că nici nu se pune problema vreodată în viața asta să mă întâlnesc cu ea, să schimbăm măcar câteva cuvinte, darămite să mai fim și împreună.

Mă scutur de ultimele amorțeli ale somnului și mă duc în picioarele goale în bucătăria în care am loc să fac doar câțiva pași. Pun cafea dintr-un borcan, două linguri, în ibricul argintiu. Adaug apă de la robinet și îl așez pe ochiul din stânga, cel mai mic, al aragazului fără cuptor. Între mirosul de cafea măcinată se inserează alte molecule pe care le recunosc imediat. Miroase a tei. Trag de spate să-l îndrept, m-am odihnit relativ bine după o săptămână grea, privesc cum fierbe cafeaua și o opresc înainte să dea în clocot, îmi fac în cap un plan pentru zilele de pauză. Voi scrie mult, neîncetat, compulsiv, fără să recitesc nimic, voi alinia axa creier - inimă - mână, voi așterne cuvânt după cuvânt și, dacă am o stare bună, pot chiar termina cartea. Torn licoarea în cană și ies pe balcon, dând perdeaua la o parte. În fața mea e un spectacol cu bobițe galbene plesnite, care dansează sub un vânt firav. Am toate premizele pentru un scris bun.

Știrile pozitive ale dimineții.

În terapie e liniște. Domnul N., convertit la ritm sinusal după 24 de ore de la internare, își face gimnastica de înviorare și o așteaptă pe soție. Va fi externat curând. Domnul I. și-a refăcut o pereche de șosete după ce pierduse una când s-a dus la buticul de la parter, nu să-și cumpere ceva, ci să vadă dacă au ziare. Dacă aveau, ar fi revenit după bani și apoi iar cu liftul până jos, să-și și achiziționeze câteva. A găsit șoseta cuminte, așteptându-l, pe podeaua cutiei metalice umblătoare între etaje. A fost fericit și chiar s-a băgat în seamă cu vânzătoarea tânără de la magazin, spunându-i că nu are hipertiroidie, ci așa sunt ochii lui, mari și luminoși. Pe pervaz sunt flori de câmp strânse într-un buchet simplu, pus într-un borcan. Au fost cumpărate de o colegă mică, rezidentă și ea, ca să-i ridice un pic moralul unei paciente aflate în stare gravă, transferată de la reumatologie. Pacienta e mai bine acum, s-a mai îmbujorat în obraji. În lume, oamenii sunt în general fericiți.

13

lupte

Tu nu mă cunoști. Nu ai de unde să știi ce trăiește în mine sau ce moare. Îți spun niște lucruri, încetul cu încetul, te țin în priză, te fac să te zdruncini, dar suferința mea e mult mai mare decât o percepi tu. Dacă ai putea să o cuprinzi, ți-ar trebui niște mâini lungi cât tot Ecuatorul, dar dă-mi voie să-ți spun că am greșit din start aici: suferința nu se cuprinde cu mâinile. Ea stă între două bătăi de inimă, unde chipurile ar trebui să fie calm. Ea stă între pauza dintre două gânduri, când ar trebui să fie liniște. Ea e acolo, în fiecare culoar al ființei mele, în orice atom care-mi compune trupul armonios fizic și altfel teribil de răsucit. Tu nu mă cunoști. Nu ai idee cum mă pierd în negurile amiezei, cum mă sting, cum trag peste mine ape dure, cum mă trezesc din pat sau mă pun în el, rupându-mă de realitate. Ți-am arătat cât am vrut sau mai bine zis cât am putut, că oricât de multe aș fi capabil să spun, scriu sau fac, tot e prea puțin. Iar tu n-ai fost în stare să sapi, sau poate te-ai mulțumit cu o iluzie. Spațiul dintre noi s-a căscat și a devenit prea mare. Când se cască spațiul e semn că timpul nu are oxigen suficient, iar tragerea accelerată a aerului produce efecte colaterale, cel mai frecvent furtuni de timp. Ne trezim că nu ne mai recunoaștem împreună, ca-ntr-o noemă. Ne descoperim că nu ne mai potrivim. Ne întoarcem spate în spate. Pe loc, credem că tot ce am trăit a fost o pierdere bilaterală, că ni s-au furat zilele, lunile, anii. Nu ne vine să credem că realitatea înconjurătoare e usturătoare, dar o percepem cum agață pielea și mai ales cam tot ce protejează ea. Sau ascunde. Ne scuturăm și ne spunem că suntem puternici, că o vom lua de la capăt, că așa a fost să fie, că oricum nu ar fi mers, că a fost o iluzie, o perdea de fum. Iar timpul stă și râde de noi într-un colț.

E un început bunicel de carte, dar trebuie să văd cum pot continua. Cred că adevărata luptă în bucata asta de timp de-o numim viață nu e pentru supraviețuire, ci pentru a rămâne sănătoși la cap. Și devine tot mai greu, apasă ca un mal de pământ care te prinde până la gât, suficient cât să-ți dea un disconfort măreț, dar fără să te omoare. Nu mai poți mișca mâinile sau picioarele, te apucă toate angoasele, abia reușești să faci doi-trei centimetri cât să-ți culiseze coastele și să respiri. Libertatea ta, cândva atât de plină de valențe, se rezumă acum la una singură: gândirea, cu toate atributele ei, inclusiv cele onirice. Dacă te stăpânești și prinzi o stare stoică de picior, calmul te face să suporți timpul, dar nu ține mult. Uzura, angoasa, disperarea cresc în tine și-ntr-un final cedezi. Malul de pământ nu e chiar un mal de pământ, ci societatea în care trăiești, cu norme, alarme, sarcini, deadline-uri, scaune, calculatoare, aer condiționat, mers cu metroul, mâncare comandată, dureri de cap, picioare umflate, hemoroizi, atacuri de panică, coloană strâmbă, ore târzii la același birou, compensări insuficiente, sufocări, dedublări, trăiri fără noimă. Cum de ne țicnim în halul ăsta chiar cu voia noastră? Cum de ne îngrădim trupurile și sentimentele acceptând tipare care ne știrbesc personalitatea? Cum de acceptăm atât de ușor să ne batem joc de noi? Cum de ajungem să alergăm după lucruri materiale, după mulțumirea celorlalți, după validare, etichete, like-uri cu inimioară?

14

trebuie

Am știut dintotdeauna că voi claca. Am simțit că trebuie să fug. Devenise mult prea obositor totul și, cu fiecare zi scursă, vedeam cum un laț greu se îngustează în jurul gâtului meu; nu era unul de cravată pe care să-l desfac imediat cu o mână, la nevoie - și mereu e nevoie, că nu poți tolera indefinit nodul - ci unul ireversibil, sufocant până la moarte. Creierul suferă imediat la privarea de oxigen. Cu fiecare minut scurs în anoxie, milioane de neuroni mor. În cincisprezece minute ești la revedere. Lațul de care vorbesc eu nu are cincisprezece minute comprimate în el, ci niște decade; e cumplit, nu-i doresc nimănui să treacă prin acest proces, dar cu toate astea știu sigur că se întâmplă. Tot mai mult, la vârste tot mai fragede, sunt lațuri prinse care-și fac de cap, producând stricăciuni irecuperabile. Lipsă de curaj, frică de evadare, teamă de dat piept cu vulnerabilitatea, spaimă de inadaptare, spuneți-i cum vreți, dar eu nu mai suport. Terapeuți, petice, pastile. Trebuie, trebuie, trebuie. Norme impuse de alții. Alte lucruri ce trebuie făcute. Zile trase la indigo. Oboseală cronică. Iubire din părți. Burnout. Somn prost și puțin. Iar indigo. Disimulări. Nu. Mai. Suport.

Voi fugi, nu mai am nicio îndoială. Voi fugi departe, doar cu un rucsac în spate, în cel mai dulce mod minimalist. Momentan plutesc în valența onirică a libertății mele perorative, minunată în teorie, dar impracticabilă în realitatea cotidiană citadină. Libertatea pare incredibil de frumoasă pe hârtie. Privind în jur, printre spațiu și timp, ambele cumva anacronice, nu mai rămâne nimic dezirabil, printre mormane de moloz arhitecturizat și cosmetizat, oameni cu felurite interese, reguli de piață, diplome, interviuri, cursuri, scursuri, rupturi între păturile sociale, lipsă grosolană de meritocrație, valuri de minciuni și disimulări, măști cumplite, zâmbete false, filtre și nimicuri. Ca să nu faci absolut niciun compromis ar trebui să te rupi de orice și să te muți într-o pădure. Hmmm, ce-ar fi să mă mut într-o pădure? Ok, ajung acolo, dar unde voi sta? Ce voi mânca? Cu ce mă voi spăla? Nu pot fi atât de brutal, tot am nevoie de un compromis, dar să fie satisfăcător pentru mine. Un sat. Un sat uitat de lume, cu câteva case, cu liniște multă, cu apă proaspătă și curent. Nu mă întrebați de care curent. Cu un magazin aproape. Voi sta acolo pentru totdeauna? Dacă da, de unde voi avea bani să cumpăr mâncare, după ce-mi voi epuiza economiile? O să mă văd nevoit să muncesc, nu voi găsi ce, pentru că sunt supracalificat. Am medicina terminată, un rezidențiat, un doctorat, peste astea și o mulțime de alte aptitudini, pentru că mereu am avut întrebări și-am căutat peste tot răspunsuri. Îmi pot face un cabinet acolo, tratând oamenii locului, dar cred că voi intra în aceleași cercuri vicioase de la oraș. Ce vreau, de fapt? Sunt rătăcit pe moment, o să-mi revin? Sau vreau o schimbare radicală, o imersie în natură, cu o ruptură permanentă de normele civilizației moderne? De unde am pornirea asta? Încerc să mă prind, iar și iar, că n-am reușit nici după cinci sute de gărzi, trei mii de pacienți văzuți, o mie patru sute de cărți citite, zeci de cursuri de filosofie, sute de ore de terapie. Poate trebuie să fac o recapitulare.

Plămădesc o nouă cafea. Curios lucru: mie nu mi-a plăcut cafeaua. În facultate, colegii mergeau la cafea, era un fel de ritual în care se făcea trezirea și se discutau numeroase lucruri, care când nu aveau treabă cu medicina, virau imediat spre medicină. Totul devenea despre „tu ai învățat piciorul?” sau „ai văzut cât de greu va fi practicul la anato cu Vlad?”. Îi vedeam mereu cu pahare, cu termosuri prin amfiteatre, cu strângeri după cursuri sau lucrările practice. Pentru mine, cafeaua era o băutură amară, respingătoare, de necesitate. Îmi vâjâia capul când luam câteva guri și mă țineam departe.

Am început să beau cafea la job, la cămin când lucram până la epuizare și prea multă în anul șase, când învățam pentru rezi. Primisem de Secret Santa o cană de 900 de ml, o monstruozitate. Nu făceam cafea, ci o zeamă dubioasă, dar gustoasă, cu foarte mult lapte. Și trăgeam de cana aceea până la ore târzii, printre munți de coli printate, subliniate, mii de grile rezolvate, cărți deschise.

În timpul rezidențiatului a fost și mai interesant. Când am început gărzile am devenit dependent de cafea. Erau cazuri grele în unitatea cardio și fugeam la automat, de unde luam o zeamă groaznică, dar măcar era zeamă de cafea. Printre zeci de prezentări și solicitări pe secții, nici nu-mi dădeam seama cum ajungeam la cinci-șase cafele în 24 de ore, iar când noaptea aducea o oarecare liniște, mă retrăgeam în unitate să mai arunc un ochi sau să stau lângă un pacient critic.

Am spart cana de 900 și am primit cadou una de 600 de mililitri, cu un mesaj în engleză pe ea, tradus: *fă ceea ce iubești în fiecare zi*. Cred că am ajuns să iubesc băutul cafelei în liniște, prelung, poate cu o carte bună alături. Nu mai pot funcționa fără licoarea asta, cu atâtea lucruri ce trebuie făcute zilnic. Dacă nu le faci, ieși cu un picior în afara timpului, sau mai bine zis în afara unor solicitări *must do* ale societății.

Bun. Nu, nu e bun. E fragmentat, nu se lipește cu ce am scris până acum. E o relatare fadă. Da, dar am zis că scriu compulsiv și văd apoi cum se leagă foile, nu pierd timpul să fac analize, să recitesc. Of, mă pierd în detalii, se duce starea, se risipește concentrarea. Nu sunt în stare să scriu nimic. Poate o să scriu despre cum nu mai pot scrie. Să vedem.

Îmi aduc aminte la perfecție ziua în care mi-am dat seama că mi-am pierdut capacitatea de a scrie. Eram absolut disperat să înșir cuvinte oriunde apucam, pe foi de hârtie, prin fișiere nou deschise în laptop, în aplicația de smartphone, cu unghiile înfipte în lemnul mesei, cu sânge direct pe pereți. Nu mai reușeam nimic, scrisul meu nu se lega, nu mai avea nicio noimă, nu-l puteam digera nici eu, darămite niște potențiali cititori. Am început să caut cauze în mine și-n afara mea, să mă uit cu o lanternă prin toate cotloanele, mai ales prin cele ale minții. Să fi fost o depresie, o cădere brutală într-un hău greu de cuprins în brațele imaginației? Să fi fost un accident vascular care ar fi putut afecta, poate chiar iremediabil, zonele din creier răspunzătoare de creativitate și scris? Să fi fost un blocaj emoțional? N-am găsit niciun motiv întemeiat și mi-am propus să merg la doi medici, prieteni buni. Bogdan e neurolog, profesor universitar chiar, de la șase dimineața în clinică, super pasionat de tainele creierului. Vlad e psihiatru, concentrat pe analiză retroversă de cea mai fină calitate; cred că s-a făcut medic pentru a se trata singur, că e teribil de introvert, emotiv, anxios. Sau mai bine zis era, deoarece lucrurile au evoluat semnificativ în ultimii ani. Voi merge la amândoi, apoi voi face o intersecție a consultațiilor, să pot trage niște concluzii strașnice.

Iau în considerare și varianta unui blestem. Mă gândesc că blestemul ar fi putut veni și de la vecina de sus, căreia i-am bătut obrazul să nu mai arunce grăunțe pe pervazul exterior, că pică la mine și atrag porumbei care-și lasă apoi produsele finale de digestie în terasa mea micuță. Am încercat cu un soi de sperie-ciori, dar se pare că nu funcționează la porumbei. Dintr-o jucărie de pluș am plecat și ursulețul maroniu a fost transformat în personaj de film de groază, cu mâinile tăiate, vata scoasă pe afară, ochii pictați cu roșu, o salbă de ghimpi la gât, plus un corn ascuțit lipit pe creștetul capului. Porumbeii au iubit ursul atât de tare încât se băteau care să se așeze pe capul lui, după ce i-au îndoit cornul din sârmă, care, umplut de găinaț, nici nu a mai fost îndreptat vreodată. Vecina mă urăște. O făcea și acum un an, când și-a scăpat un cerceaf în pomul din fața balconului și eu nu m-am întins să i-l iau.

Blestemul, nu neg asta, mai putea veni de la o fostă iubită. Am avut multe, fermecate nu de poveștile mele sau persoana mea, ci de niște proiecții. Cred că trebuie să mă duc și la o vrăjitoare, să facem un fel de dezlegare, dar asta numai după ce Bogdan și Vlad își vor fi dat cu părerea. Să punem totuși științele exacte înainte de vrăjitorii.

15

zmeul

N-am niciun liant între aceste pagini. Mă uit spre cana cu cafea, spre tei, spre cerul căruia îi văd câteva petice albastre. Nu pot scrie. Pauză de somn.

Bunico, am reușit să fac zmeul! Crede-mă pe cuvânt, l-am construit singur după cum am știut eu mai bine, iar acum abia aștept o zi cu vânt, să mă cațăr pe acoperiș, pe coama de țigle, să-l arunc cu putere și să mă minunez când el se înalță, mâncând sfoara din ghem. Abia aștept o zi cu vânt, chit că eu nu suport vântul, dar iubesc zmeiele mai mult decât urăsc rafalele de aer nesuferit, ce-mi suflă-n părul creț și-l dau în toate părțile. Voi pune tricoul meu alb cu dungi negre, sau negru cu dungi albe, care se umflă când află că mă urc pe casă. Îmi voi trage pantalonii negri cu buzunare în părți, pe care i-am murdărit și rupt de atâtea ori, dar tu i-ai spălat și cusut pe măsură. În picioare nu voi pune nimic, să stai liniștită - știu că mi-ai zis că-n casă și pe ea tot desculț să umblu, înăuntru ca să păstrez curățenia, iar deasupra ca să fiu un pic mai ușor și blând. Mă mir cum de mi-ai dat voie, în sfârșit, să mă cocoț pe coamele ei portocalii, mânjite cu ciment albastru. Cred că fie te-ai săturat de încercările mele, fie ți s-a făcut milă, fie ți-ar fi plăcut să te urci și tu, numai că nu poți, fiind prea grea. Și te urci prin mine, noaptea să te uiți la stele, cu brațele sub cap, pe spate, iar ziua să cucerești cerul cu zmeie care au cozi de păun. Să zbori, din când în când, măcar cu gândul, sau cu visul, e una dintre cele mai frumoase senzații de pe pământ. Te vizitez și mâine, stai liniștită-n patul tău, că îți voi povesti totul.

Am visat, dar era atât de viu. Stăteam cocoțat pe coama casei, cu zmeul în vânt, cu bunica folosindu-și ambele picioare. Ce senzație ciudată, ca o punte într-un tărâm imprecis delimitat, unde oamenii sunt întregi, visurile zboară și le tragi de sfoară aproape de tine, iar dacă te predai puțin, zbori și tu cu zmeul lor, fără să pățești nimic rău.

16

negru

Timpul a zburat ca zmeul din visul meu și am ținut atât de strâns de sfoară, copil fiind și speriat că-l pierd, așa cum eram cu toții speriați atunci, să nu scăpăm din mână lucrurile de care ne atașaserăm, încât m-a luat pe sus, cu el. Nu a făcut-o blând, ci m-a lovit de acoperișuri, turnuri, copaci, zdrențuindu-mi hainele, tăindu-mi pielea. După câteva urlete, n-am mai simțit nicio durere. Eram obosit și, după disperarea inițială, mă predasem. Zborul s-a terminat și zmeul m-a aruncat în alt loc.

N-am reușit să scriu nimic. De fapt am scris, dar am aruncat totul. N-am îndeplinit mai nimic de pe lista mea ce se cerea neapărat făcută. Aveam sentimentul puternic că sunt o păcăleală de om, că nici nu mai merită să trăiesc, că nu voi reuși să-mi depășesc condiția, că voi sta într-un cerc vicios. Dacă pui o furnică pe o foaie de hârtie și desenezi în jurul ei un cerc cu pixul, ei îi va fi teamă să-l depășească. Eu eram furnica.

Sunt un prost pentru că n-am știut niciodată să păstrez anumite relații. După ce am plecat din garsoniera cu tei la geam, m-am dus în alta și atunci am schimbat și spitalul, că trebuia să fac alt stagiu. Era prea departe pentru Ana și a continuat să-și facă INR-ul unde îi aranjasem eu. Ne sunam atunci, să-mi transmită rezultatul, vorbind pe fugă, o dată la trei săptămâni. Căzusem într-o oboseală cruntă, pentru că aveam mulți pacienți, două saloane cu cazuri grave, numeroase consulturi. Pierdusem contactul cu prietenii. Țin minte cum, mai bine de treizeci de zile la rând, nu a ieșit soarele deloc în București. Nici măcar o secundă. Era totul gri, apăsător, ne obișnuisem așa, credeam că nu-l vom mai vedea niciodată, iar eu mă gândeam că atrăsesem atmosfera închisă cu starea mea, că ieșise din mine și își făcea de cap în jur. Mă simțeam vinovat că le-am înnorat oamenilor viețile. Când a ieșit soarele în sfârșit, parcă a fost un miracol, nici nu mai știam cum să ne uităm la el. Am avut pentru o fracțiune de secundă un moment de fericire maximă, apoi m-am întors la suferința mea lăuntrică. În autobuz m-a fulgerat un sentiment ciudat, cu imaginea Anei pregnantă în mintea mea, un amestec rău. Aruncat în cazurile din spital, am uitat de tot. Timpul a zburat apoi, Ana nu a mai sunat, când am sunat eu, nu a mai răspuns nimeni. Am crezut că s-a supărat și mi-am notat într-un carnețel *Să merg până la ea, să văd dacă e totul ok.* Ce am scris pe carnet, alături de alte liste cu lucruri pe care le voiam îmbunătățite sau schimbate cu totul la mine, fix așa a rămas, ca urme anoste de pix, stilou sau creion. N-am schimbat mare lucru, n-am împlinit acele liste cu iz de rezoluții, iar la Ana am ajuns mult prea târziu.

După stagiul acela greu am luat altul și am putut reveni în spitalul meu, unde stătusem cel mai mult. Am găsit, cu noroc, o garsonieră aflată chiar peste drum, practic doar traversam bulevardul și ajungeam într-un minut, lucru ce urma să se dovedească un deliciu pentru culegerea de povești. Întors pe hol, la parter, am privit spre scaunul pe care mă aștepta Ana și mi-am jurat că mă voi duce exact în acea zi să o vizitez. Cum în salonul special era un domn ventilat mecanic, alte trei cazuri grave, o atmosferă cumplită, am uitat de jurământul meu, m-am întors acasă și m-am aruncat în pat, epuizat. Am reușit să mă duc la Veteranilor după câteva luni, luând-o pe jos pe lângă Cimitirul Evreiesc, până la Turda, de acolo cu tramvaiul 41 până la Lujerului, iar apoi pe jos, printre blocuri. A trebuit să aștept pe cineva să intre sau să iasă, pentru că nu mai aveam cheia de jos, cu plastic albastru pe ea. A ieşit un tânăr, am ţinut uşa, am luat-o pe scările late până la primul etaj, iar apoi, cu paşi plini de emoţie, pe holul întunecos. Vedeam lumina slabă din capăt şi amintirile dădeau năvală în mine. Fusese o perioadă grea aici, dar plină de momente şi frumoase, pe care nu le voi uita niciodată. Înaintând prin negrul culoarului, am început să disting un altul deasupra uşii Anei, pătrat, cu un scris pe el. M-am oprit acolo, ca-ntr-un minut de reculegere, în care m-am abţinut cât am putut, dar tot m-am blestemat de câteva ori. Lângă era uşa mea, cea care se deschidea când voia ea, cea lângă care m-am prăbuşit, epuizat după o gardă, neputincios în orice acţiune, cu universul accentuându-mi suferinţa. Ana nu mai era. Mi-am adus aminte de cărţi, de discuţii, de ghicitul în cafea, de un moment în care îmi cântase Fur Elise la o pianină veche şi eu, captivat, mi-am jurat că voi învăţa să cânt în scurt timp. Toate aproape m-au sufocat şi am ieşit din holul întunecat.

Peste o bucată de timp, m-am gândit că orice om ar trebui să păstreze o Ană în el, să nu se dărâme.

17

evoluție

Mă adun. Înot printre cazuri, mă simt ca peștele în apă când am gărzi, am o bucurie uriașă când sunt printre pacienți și pot să fac ceva concret pentru ei. Dincolo de spital, însă, viața mea, în cele mai intime raporturi ale ei, stă șubredă. Dimineața am parte de o lumină perfectă, iar dincolo de balcon e liniște. Când deschid geamul de la bucătărie, uneori aud doi oameni simpli, un cuplu, ce fac curat în două scări de bloc. Acolo e un fel de grădină circulară, delimitată de un gard mic metalic, iar în centrul cercului tronează o magnolie. Mi-am amenajat un colț în care am pus un fotoliu extensibil; stau pe el comod, tolănit, cu o cafea mare așezată pe noptieră. De o parte și de alta sunt două corpuri cu rafturi ticsite cu cărți. Chiar dacă mă deranjează încă tinitusul, încerc să mă concentrez și să citesc mult, iar dacă țiuitul e puternic, dau drumul la un clip cu muzică ambientală, pe YouTube, folosind televizorul smart. Aproape de fotoliu am patul, iar în fața lui, la trei-patru metri, e balconul deschis, încadrat cu geamuri termopan, în care m-am jucat iar. Impulsionat de Ana, pe care aveam s-o păstrez mereu în minte, am cumpărat un pian digital alb, cu scaun și suport. Era magic să mă așez acolo, să mă imaginez pianist, să apăs cele 88 de clape prin a cărora combinație poți crea orice. Am cântat aproape zilnic, improvizând fel de fel de acorduri, fără să știu să citesc partituri. Mă uitam la unele tutoriale și vedeam unde să pun degetele, fiindu-mi extrem de dificil să dresez mâna stângă mai ales. Treptat, s-au prins notele de mine și am reușit să leg Fur Elise, pe care o ascultasem demult. Au urmat câteva piese din coloana sonoră a filmului francez Amélie, coloană executată magistral de către Yann Tiersen. Apoi am reușit să improvizez, să construiesc ceva acceptabil, fără pretenții. O făceam mai mult pentru bucuria mea. În dreapta pianului prinsesem într-un colț un fel de masă și pe ea aveam culori tempera, hârtie specială, zeci de pensule. Tot colțul era plin și de ghivece cu flori. Trăiam simplu, dar era cert o evoluție față de garsoniera veche, în care sufla curentul. Balconul nu mai avea cadre metalice și geamuri de sticlă, chituite, ci termopan. Lângă el nu mai aveam un tei, ci o magnolie. Aceeași lumină pica pe mine dimineața și mă roteam prin ea, bucuros că mi se deschide o nouă zi pe care aveam să o îmbrățișez cu recunoștință. Evoluasem și, retrospectiv, aruncând un ochi pe lista mea de viitor, chiar împlinisem câteva puncte de acolo. Mă deschisesem, începusem să public textele pe Facebook, iar ele chiar erau apreciate de oameni. Am bifat funcția de follow. La spital îmi notam când aveam un pic de timp liber toate întâlnirile cu pacienții, iar apoi publicam ce puteam, respectând condifențialitatea pacientului, pe Facebook. Scriam compulsiv, rapid, în câteva minute. Mi-a venit apoi ideea să fac educație medicală, văzând lacunele care există în acest domeniu. Am scris liste, am explicat simptome, am descris boli, am pus accentul pe prevenție, pe principiile sănătoase de viață. Încet-încet, ajunsesem să fiu urmărit de mii de oameni. S-a mai întâmplat o minune, dar oricât de bine îmi suna în cap, avea să-mi aducă mult consum. Claudia a venit în țară și ne-am întâlnit cu toții, cu Ioana și Bogdan, la un restaurant. Am fost captivat. Mi-o imaginasem într-un fel, dar acum aveam să o descopăr, misterioasă, cu un joc al mișcărilor, mai ales din ochi, mă scotea din minți. Îi simțeam parfumul, dincolo de masă, iar în mine se nășteau sentimente care aveau să mă răvășească. În acea seară, ieșind în curtea restaurantului, am văzut un carnet mare pe care oaspeții puteau scrie impresii. Noi am scris că ne vom revedea acolo peste exact doi ani, în aceeași formulă, apoi am plecat să ne plimbăm prin oraş. În Cişmigiu ne-am ţinut de braţ, prin natura rece, cu frunze galbene căzute peste tot. În seara aceea, când am ajuns acasă, i-am trimis un mesaj, întrebând-o dacă vrea să ne întâlnim undeva a doua zi, să bem ceva. Răspunsul a venit după trei săptămâni, când era deja înapoi în Franța.

Am știut că e cam inutil, că n-am văzut nicio urmă de interes și ar fi cazul să nu insist. A urmat o perioadă în care am mai schimbat câteva mesaje superficiale, eu mi-am văzut de spital, de alte proiecte. Când mergeam la Ioana și Bogdan, îmi dădeau să beau cafea sau apă dintr-o cană cu turnul Eiffel pe ea, iar Ioana strângea din ochi, cu trimitere la știm noi cine. I-am zis că o percep ca pe Estella din Marile Speranțe a lui Dickens, dar nu știam dacă Estella era folosită de o doamnă Havisham pentru a-mi frânge mie inima, doamna Havisham fiind universul care voia să-mi întoarcă vreo poliță neplătită. Eram ca-ntr-un joc ispititor, ca un rondel al rozelor amăgite de vânt, invitate la dans, apoi lăsate să moară pe jos. Orice tentativă a mea era barată de un comportament nonșalant, de distanță, de diferențe pe care încă le simțeam. Mă consideram neinteresant, închistat, insuficient de zâmbitor, fără calități, fără încredere în mine.

A doua întâlnire cu ea fusese la nunta prietenilor mei, când eu eram cavaler de onoare, iar ea, domnişoară. Abia aşteptam să o văd. Am vorbit înainte să vedem cum se îmbracă fiecare, am mai schimbat unele impresii, în mine se reaprindeau sentimente amestecate. Când am văzut-o, blondă, într-o rochie roșie, naturală, șarmantă, m-am făcut mic, cât să fiu strâns într-un căuș de palmă. Mic pentru că nu mă consideram, acum și mai accentuat, de nasul ei. Mic și de emoție. A fost o seară ciudată, în care am vorbit mult, am stat la aceeași masă, am dansat împreună, dar nu am simțit nimic din partea ei, oricâte semnale trimiteam. Când a ieșit pe un hol, pășind pe mocheta mov, ducându-se într-o cameră cu ușile larg deschise, la etajul 13 de la Inter, am țâșnit după ea. Aveam de gând să-i spun totul. Am ajuns acolo și-n cameră era doar lumina ce pătrundea prin ferestrele mari, de afară, de la lună și stâlpi, dar mai ales de la prima. Îi percepeam doar silueta, lipită de geam. M-am apropiat, am atins-o, apoi s-a răsucit și a ieșit hotărâtă pe hol, fără să mă bage în seamă, apelând pe cineva. Am stat acolo, privind-o, iar când minutele treceau și tot vorbea, gesticulând prin aer, coborând pe vine, schimbându-și poziția corpului, am considerat oportună o retragere, să nu fiu lipsit de respect. La masă a fost destul de abătută, dar s-a scuturat repede, în stilul ei. Nu prea se consuma din nimic. Voia să se bucure de viață. Nici nu părea că se poate implica profund în vreo relație de iubire, sau cel puțin așa am perceput eu atunci. N-am putut să mă abțin și a doua zi am invitat-o iar la o ieșire. M-a evitat, avea alte planuri, să-și viziteze bunica, apoi să se pregătească pentru întoarcerea la Paris. Era în van. Am lăsat-o moartă, am încercat să-mi scot din cap ideea, să mă rup de ea, chiar dacă fusesem prins într-o vrajă.

Am continuat să scriu în fiecare zi și chiar m-am apucat serios de lucrul la o carte, dar fără Ana, fără sfătuiri, ci doar eu cu mine, cu poveștile mele, cu pacienții. Dacă în urmă cu niște ani consideram medicina drept respingătoare pentru public, acum, văzând cum reacționau oamenii la postările și articolele care începeau să fie preluate și de publicațiile mari de știri, am simțit că e fix ce trebuie. Nu aveam nicio curgere clară, un schelet, dar speram ca totul să se așeze cumva. A venit un element care mi-a aranjat orice nebuloasă: pe Cristina o cunoscusem într-o gardă, când și-a adus bunica la spital, că se simțea rău. Am internat-o și am stabilizat-o, reușind să o externăm după câteva zile, în stare foarte bună, chiar înainte de sărbătorile de iarnă. Cristina fusese rezidentă în același spital, era știută de toți medicii, dar plecase cu stagii în Franța și rămăsese acolo. A revenit să dea examenul de specialitate la noi, apoi să meargă iar acolo, unde avea un post de reumatolog. Ne-au legat bunicile. Eu o pierdusem pe a mea, după ce stătuse treisprezece ani în pat, ea o pierduse ulterior pe a ei, când boala s-a întors și, din păcate, a răpus-o acasă. Am păstrat o prietenie frumoasă, iar la un moment dat, Cristina mi-a trimis cadou o inimă din rocă șlefuită, sculptată de către un pacient de-ai ei, cu poliartrită, cancer, degetele deformate. Omul acesta găsise tăria să-și continue pasiunea, urca pe un munte, culegea acele roci, apoi le prelucra în atelierul său. Aveam o inimă de piatră, roșie cu negru. O țineam în mâini și mi-am adus aminte că dacă am putut cândva să am discuții metafizice cu un televizor alb-negru din care scoteam știri pozitive, la fel de bine puteam vorbi și cu inima din palme. Ce i-am spus s-a transformat într-o scrisoare, apoi au apărut mai multe, ulterior totul s-a înșirat într-o călătorie a devenirii mele și inima, draga de ea, s-a așezat cuminte în prima carte. Reușisem primul lucru de pe lista mea făcută pe balconul vechi.

Am dat întâmplător peste un text simplu, scris prin 2013.

Cea mai frumoasă zi e ziua în care nu stai să analizezi dacă lucrurile sunt bune sau rele, ci te bucuri că există, într-o atitudine umilă. Pentru că singura chestie care le face bune sau rele e mintea ta. Dacă o pisică neagră îți taie calea, admiră-i grația, drumul, vigilența - nu e niciun semn rău. Dacă o femeie superbă aleargă spre tine cu brațele deschise, observ-o fără să te miști și savurează momentul - mai mult ca sigur e un alt bărbat la un metru în spatele tău și spre el fuge. Urmărește scena. Poate pisica era a lor și cu toții locuiesc în mansarda unei vile vechi, aproape de parc. Poate el e un scriitor și ea un top-model de succes. Ești observator de povești. Bucură-te de ele. Dacă se întâmplă să câștigi peste noapte o sumă mare de bani, rămâi același om, ca și cum nimic nu s-ar fi întâmplat. Dacă vei considera că un lucru minunat s-a înfăptuit, sărind în sus și urcând pe un munte de planuri, poate a doua zi vei pierde totul. Atitudinea îți dictează altitudinea. Cumpără-ți de bani o pisică neagră. Mută-te în mansarda unei vile vechi, aproape de parc. Ia multe cărți, citește-le și apucă-te să scrii. Top-modelul aleargă deja spre tine. Du o viață simplă, dar care te face fericit, bucurându-te că lucrurile există în jurul tău.

Un zâmbet mi s-a așezat pe fața obosită și m-a survolat acel impuls cu ai grijă ce-ți dorești, că s-ar putea să ți se întâmple. O dorisem pe Claudia, nu se întâmplase nimic, așadar zicala era doar de fațadă. Dar avea totuși un condițional optativ, așa că nu garanta un rezultat. Nu m-am grăbit cu cartea, nu știam cum să procedez cu o editură, nu eram chiar mulțumit de anumite capitole, aș fi vrut să o includ mai mult pe draga mea bunică în ea, așa că am pitit-o undeva și m-am îndepărtat. În viață mi-a intrat Oana, o superbitate, medic stomatolog, alături de care am trăit un an minunat. Oana s-a mutat repede la mine și, bonus, l-a adus pe Oscar, un motan maidanez adoptat de la o doamnă care avea casa plină de pisici. Motanul acesta a devenit stăpânul studioului nostru, distrugătorul studioului nostru, aproape că ne-a scris și bilet de trimitere la psihiatru. Dar avea o privire atât de frumoasă și momente în care era adorabil, că i-am iertat toate năzbâtiile. Îmi aduc aminte cum m-am trezit, obosit după o gardă cu cazuri infernale, iar acea lumină cobora prin geamuri, pe flori, pe pian, pe parchet, până la pat, unde dormeau în liniște Oana și Oscar. Fericirea a pus stăpânire pe mine, eram îmbrăcat în ea, era o substanță care se absorbise rapid în corp și ajunsese în toate celulele. Nu voiam să pierd niciodată acele clipe simple. Nu era o mansardă, ca în textul meu, dar aveam fotomodel și motan. Timpul s-a scurs, iar între apropierea fizică s-a căscat o depărtare uriașă, din vina mea, pentru că am intrat iar în vrie. Am făcut-o pe Oana să plece, iar când și-a luat lucrurile, eu am stat în baie, am rămas acolo o oră, până a terminat de mutat totul. *Pa, Vasi, mai vorbim.* Sigur, mai vorbim. Când a închis ușa, m-am prăbușit. O iubeam, nu aș fi vrut să plece niciodată, cu toate astea nu am făcut nimic să o împiedic. M-am urât și am căzut într-o depresie adâncă.

Rămas singur, am stat pe balcon, unde pusesem un scaun înalt, de bar, la măsuța de pictură improvizată. Cu capul în palme, aveam în fața mea cutiile cu culori, pensulele, câteva ghivece cu flori pe pervaz: unele mici, suculente, o orhidee pe care am botezat-o Sofica, o plantă cu bani, alta care a apărut din senin și a dominat tot pervazul, revărsându-se din ghiveciul ei de teracotă verde.

Am zis că e un timp oportun să fac o retrospecție, să analizez prezentul, să-mi construiesc un mic plan de viitor. Amar de cel care nu stabilește ținte și nu știe pentru ce luptă. Nu puteam relua bucățile pe care le-am derulat deja cu ani în urmă, pe balconul prăpădit al garsonierei din Veteranilor. Aveam totul viu în minte și simțeam nevoia să manevrez o altă înșirare.

Avusesem câteva povești de iubire, eșuate, în esență niște lecții din care învățasem enorm, mă mai dezvelisem de straturi, nu mai eram atât de introvert, puteam să comunic ceva mai bine. Cu toate acestea, încă picam în depresii, aveam tendința la izolare, începeau să mă preseze acțiunile femeii de lângă mine și ajungeam să declanșez o procedură de debarasare, dureroasă și-n momentul desfășurării ei, dar mai ales după deznodământ. Îmi pierdusem bunica într-o zi de vineri, când eram la spital, pe la nouă dimineața. Presimțeam că e ceva greșit în aer, m-a sunat mama să-mi spună că a murit, de fapt atunci murea, mai avea spasme, nu-i putea face nimic. Și ce să-i facă, la 88 de ani, din care 13 de stat numai în pat? S-o mai chinuie cu o încercare de resuscitare? Uneori moartea e cea mai dulce eliberare. Am simțit o lovitură în piept, mi-am pierdut răsuflarea, m-am scuzat cu niște cuvinte ininteligibile și am plecat imediat acasă, fiind aproape să leșin pe drum. Era chiar înainte de sărbătorile de iarnă. Ea își dorise să devin medic, să o fac să meargă iar, să-i repar un femur fracturat în urmă cu mult timp, când eram licean. Vindecarea plutea în mistic, ireal, doar o minune putea să facă asta, iar în minuni mai credeam, doar dacă aveau legătură cu ea, că fusese minunată. O visam nopți la rândul cum se ridică din pat și merge, ne face prăjituri, ne ia în brațe, vine să se bucure la festivitatea de premiere de la finalul de an, ne duce la Slănic Moldova, la Amara sau la mare, ne povestește ceva din trecutul ei greu, ne spune cât de mult l-a iubit pe soțul pe care-l pierduse cu mult timp în urmă. Visul a rămas în registrul lui.

Am devenit specialist, apoi am intrat primul la doctorat, cu bursă. Am reușit să scriu o carte, dar mi-e teamă s-o public, că e prea intimă, îmi e frică de judecata oamenilor. M-am mutat într-un loc simplu în care mi-am amenajat câteva colțuri de relaxare și am tot ce-mi trebuie. La spital am fost aproape de pacienții mei, i-am iubit, i-am îngrijit cât am putut eu de bine. Când doamna Silvia s-a internat odată în stare gravă, am stat toată noaptea s-o păzesc. Nu aveam prezentări în gardă, puteam să mă retrag în camera medicilor sau într-un salon gol, să dorm puțin. Am preferat să fiu acolo, să mai ajustez câte ceva, s-o monitorizez. A evoluat bine, s-a externat, apoi am continuat să ne dăm mesaje. Când respira iar greu, mă suna și-i modificam schema de diuretic, depășind dispneea. Ura să se interneze iar și iar, să-i fie ciuruite mâinile cu ace, să stea la perfuzii, să i se recolteze sânge pentru analize la câteva zile, să-i vadă pe ceilalți cum suferă. Îmi spunea cât de fericită era când evitam o decompensare și rămânea acasă, cu nepoata ei de care îmi povestea că era talentată și chiar a reușit să scrie două cărți. Ultimul mesaj de la doamna Silvia a fost *vă mulțumesc din suflet pentru tot*. Îl am încă în telefon. Se stinsese.

Cu domnul I. m-am intersectat de numeroase ori. Venea la câteva săptămâni cu picioarele butuc, respirând greoi, transformat, cumplit de obosit. Reușeam un echilibru și înflorea. Își pierdea șosetele prin tot spitalul și glumeam cu el și colegii despre asta. Ancuța, colega care le lua flori pacienților, să-i înveselească, se tăvălea de râs când băgam câte o poveste despre șosete. Aveam un arsenal întreg, unele cu fundament pur real, altele exagerate de mine. Sărmanul, m-a chemat într-o seară chirurgia la un consult și l-am găsit într-un salon întunecat, la etajul cinci. Se internase pentru o hernie mică, voiau să-l opereze, dar era cea mai măruntă problemă a lui, aflat iar în anasarcă, cu lichid în exces peste tot. Abia mai respira. L-am luat iar în USC și l-am echilibrat. A doua zi am avut parte de o surpriză, pentru că a revenit năzdrăvanul domn N., zburătorul, cu un nou episod de fibrilație. De data asta s-a convertit rapid, apoi s-a dus spre colegul supărat cu șosetele și i-a spus că nu-i deloc frumos cum se poartă cu soția, ea face eforturi mari, îl vizitează, suferă pentru el, iar el îi răspunde urât și o alungă. Din acea clipă, la cât de cald i-a vorbit, domnul I. s-a uitat la cuplul cu poveste întinsă pe șase decenii, a băgat bine la cap și și-a strâns în brațe soția când a venit la vizită. Mi se părea ireal. Cascadorul mi-a făcut cu ochiul. Își îndeplinise misiunea. Peste câteva luni l-am pierdut pe domnul I.

M-am schimbat, am scos la suprafață unele atribute veritabile, dar mai aveam mult de lucru. Depășisem acea frică supremă cu epilepsia, eram stăpân pe cazurile grele, mai ales pe cele din gardă, devenisem fir I, adică șeful gărzii, explicam rezidenților orice îmi cereau, participam activ în UPU, făceam consultații într-un cabinet privat, scriam pe Facebook, fondasem o platformă de educație medicală, începusem să merg pe la televizor, la radio. Părea că duc o viață perfectă, dar eram tot în burnout, de care n-am scăpam vreme de doisprezece ani.

18

paris

Am publicat prima carte la o editură, după ce eram aproape să arunc totul. Nu m-a judecat nimeni pentru faptul că am vorbit și despre depresie în ea. Din contră. Mesajele m-au copleșit. Apoi a urmat a doua, ca o extensie a primei, despre inimă, ducând totul în aria creierului, construind-o în jurul unei întâmplări cu un vârstnic diagnosticat până la urmă cu maladia uitării patologice, Alzheimer. Am scris-o pe nerăsuflate, terminând-o în orășelul meu de suflet, Sighișoara. Apoi, pauză.

Am început o poveste cu Adina, plecată de mai mulți ani în Paris. O vizitam în fiecare weekend, zburând, pe avion scriind la ceva ce voiam să fac de mai mult timp: o carte specială pentru asociația Dăruiește Viață. Am călătorit cu Adina prin Paris, apoi în Giverny, la Monet acasă. Am luat picnicuri pe iarbă, ne-am urcat în mașină și am dat o fugă prin Douville, Trouville, Honfleur, Saint Malo, Mount Saint-Michel. În Trouville te șochează casele colorate, ca de turtă dulce, înșirate pe plaja cu nisip brun. În Honfleur mănânci niște stridii chiar meseriașe. În Saint Malo stai sub cea mai frumoasă lumină din lume. În Mont Saint-Michel gâfâi până ajungi în vârf, la catedrală, dar apoi te scufunzi într-o liniște din care nu-ți mai vine să ieși.

Alături de Adina am mai stat o lună, timp în care am dat o fugă la Roma, de care nu cred că mă voi sătura vreodată. Într-o cafenea de pe Via del Governo Vecchio i-am citit pasajul despre recunoștință din *Dragă inimă*, ea a suspinat, eu eram cu mintea în alte locuri. Ne-am revăzut la Paris, am coborât spre Strasbourg și Colmar, dar eram abătut, în contrast cu acele locuri de vis, împodobite pentru sărbători cu tot felul de globuri, animale din pluș, lumini. De Crăciun am invitat-o la mine, în același studio din care plecase Oana, iar mai târziu și Oscar, pe care ea îl lăsase la mine și eu îl pasasem mamei, că oricum era înnebunită după pisici. Țin minte brădulțul strâmb pe care l-am împodobit, câteva plimbări, cadourile, îmbrățișările, dar eu mă prelingeam deja din relație. O ultimă fugă la Paris, dar nu știu când va fi.

Cu toate strădaințele mele și tot ajutorul

extern, nu am ieșit niciodată pe de-a-ntregul din depresie. Continui să am perioade de cădere și să nu mai pot aplica nicio schemă știută a funcționa în încercarea (a se citi disperarea) mea de a prinde iarăși de glezne armonia. Cred că scrisul mi-a adus cea mai bună contrapondere, chiar dacă și el m-a chinuit și persistă s-o facă. Am perioade în care depresia îmi așază un văl negru și greu pe creier, neputând să leg nici două cuvinte. Plutesc în gânduri lungi și nu pot alinia în niciun fel axa creier-inimă-mână. Sunt zero. Alteori, surprinzător, scriu compulsiv în plin episod depresiv, de parcă un izvor se deschide în mine și eu nici măcar nu mai contez. Așa am început „Să-ți pui o dorință" și nici nu mi-am dat seama cum am scris nouăzeci de pagini într-o singură noapte, nedormind absolut deloc. Apoi am lăsat textul, m-am luat cu altele și l-am lecturat într-o altă seară, fiind autosurprins de toată povestea, de curgerea ei naturală, de tristețea și totodată bucuria comprimate în cuvinte atât de simple. Am vrut să scriu iar la roman și m-am pus pe treabă. Nu se mai potrivea nimic. Totul era anost, anodin, anacronic. Încercam iar și iar și eram departe de acel stil, de substanța fină din el. M-a lovit depresia neputinței, de data asta. Am zis să las totul baltă, chiar cu sentimentul parțial că nu voi termina niciodată acel roman. După un timp, am început călătoriile prin Franța și am scris câte două-trei capitole pe fiecare zbor. Mergeam la câteva weekend-uri și mereu scriam. Ultimele zece le-am plămădit într-o altă seară insomniacă, apoi am legat totul și a ieșit povestea. Terminasem. Bucuria m-a lovit, dar nu va ține mult. Știu asta. Simt asta. M-am obișnuit.

Relația mea cu depresia s-a maturizat mult, însă. Am ajuns să ne cunoaștem bine amândoi. Eu o recunosc pe ea, iar ea mă știe bine pe mine. Uneori ne ținem în brațe și doar atât, fără impulsuri de a ne sufoca. Alteori ne suim unul pe umerii celuilalt și dormim acolo, dar fără să ne strivim. Uneori nu gândesc limpede și asta mă enervează cel mai tare, poate și pauza cu scrisul. Tot ce mă speria în trecut, de la deranjul digestiv la problemele de respirație sau palpitații, e floare la ureche acum. O depresie îți poate servi și drept comparație vie, iar când ceva te dărâmă și te dă cu capul de toți pereții, înveți să apreciezi toate mărunțișurile din lume. Ăsta e marele merit al depresiei. Sunt ceea ce sunt acum pentru că am suferit cumplit. Mi-am construit lumi de evadare și personaje de contrapondere, de la vulpi până la unicorni specialiști în inimi. Ele sunt colaci de salvare veritabili de căre mă agăț în ape agitate și știu că pot fi într-o oarecare siguranță. Cât va mai ține. Sunt al naibii de vulnerabil, dar nu mă mai tem de aproape nimic. Extrag lucruri bune din orice, fie oricât de negru. Nu cred în lucrurile măsurate. Nu cred în confort. Nu cred în șabloane. Nu cred în fericiri date pe rețete. Nu cred în armonii continue. Nu cred în drumuri ușoare deschise în fața de alții. Nu cred în povești fără suferință.

M-am retras o perioadă din tot ce mă obosea și-am rămas cu inima mea, să ne punem câteva întrebări și, noroc sau ghinion, să ne oferim și câteva răspunsuri. Pe măsură ce zilele treceau printre sistole și diastole, mi-am dat seama că am nevoie să aștern într-o carte nouă noțiuni și gânduri, povești și pulsiuni, incursiuni și fugi, toate despre și pentru sănătatea fizică și metafizică a inimii. Cred că oamenii au mare nevoie și ei de așa ceva. M-am tulburat iar, pentru că mi-am reamintit de pacienții mei din anii trecuți. Am simțit presiunea unui sărut pe frunte aplicat în miezul nopții de o pacientă pe care o scosesem din edem pulmoar. Am văzut-o pe doamna C. cum admiră florile de pe pervaz, primite cadou de la o colegă de-ale mele. L-am observat iar pe domnul I. cu genunchiul său umflat și cele două tensiuni pe care spunea că le are, una mică și alta mare. Am văzut-o pe doamna A. cum își aștepta cuminte foaia de externare, iar mie nu-mi venea să cred că anul nașterii era 1909. I-am perceput iarăși atingerea doamnei B., care mă sfătuise să mă dau cu cremă pe mâini, că aveam pielea crăpată. De fapt eram crăpat cu totul atunci. Și pierdeam lumina din mine prin acele crăpături. Dar îmi găseam bucurii, liniște și altă lumină printre acești oameni extraordinari care mi-au atins inima cu inimile lor pline de povești. Am o recunoștință uriașă pentru ei și pentru faptul că am putut fi acolo, să-i fac un pic mai bine, să le fiu aproape, să le dau și din poveștile inimii mele.

Eram urmărit și citit de sute de mii de oameni. Scrisesem cărți, voiam să fac o editură a mea, concepeam articole, mă duceam la tot felul de emisiuni, aveam o colaborare la radio, dădeam interviuri. În mine, dezastru, dar nu știa nimeni asta. Eram medicul cunoscut, puternic, pesemne realizat, căruia nu-i putea lipsi nimic. Țin minte, când am fost ultima oară la Paris și am simțit nevoia să plec de la Adina, că mi-am luat o cameră de hotel pe Foch și m-am bucurat de singurătatea mea, plimbându-mă pe străzi, până la Arcul la

Triumf sau la Eiffel, cumpărându-mi prostii pe care să le mănânc seara uitându-mă pe netflix, inclusiv o sticlă de șampanie. După o jumătate de sticlă mi-a fugit gândul la Claudia. Jurasem, după antecedente, să nu mai am nicio treabă cu ea cât voi mai trăi, dar eram în elementul ei, unde trăise de la patru ani, iar asta îmi reactivase circuite pe care le închisesem voit. După Unesco, Claudia a urcat în cadrul ONU și a plecat în Etiopia, ocupându-se de categoriile de oameni defavorizate. Mai știam frânturi din viața ei, apoi nimic, că respingeam orice tentativă de-ale Ioanei de a-mi mai povesti. Mă durea să mai aflu ceva, să accept până și o glumă. Din Africa ea a plecat în SUA, să facă un nou master, al treilea, și nu oriunde, ci chiar la Harvard. Știam asta și atât. Mi se părea că e departe de mine din prea multe puncte de vedere, mai ales acum.

Stau cu capul în palme și o admir pe Sofica. E liniște, una din aceeași familie cu cea gustată pe vârfului muntelui francez separat de țărm prin marea care vine și se retrage. Sunt obosit, fac prea multe proiecte, scriu peste tot, am în cap numeroase idei. Trebuie să tai ceva de undeva. Să iau cumva o pauză. Apuc foaia și lângă mine am un stilou Parker, negru, lucios.

19

plan

Să fac editura mea.
Să fac mai puține lucruri.
Să călătoresc mai mult.
Să îmi lucrez corpul, că tot evit.
Să citesc mai mult.
Să am o relație frumoasă.
Să păstrez relațiile cu prietenii mei.
Să mă mut într-un apartament mare.
Să mai scriu niște cărți.
Să fiu liniștit.
Să-mi reglez somnul.
Să mă retrag din expunerea publică.
Să găsesc scopul suprem.
Să mă regăsesc cumva.

20

telefonul

Lista s-a restrâns, în mare pentru că le făcusem pe celelalte, dar și pentru că dețineam altă optică. Aveam să regret partea cu mutatul, pentru că am părăsit zona mea calmă, cu Kiseleff-ul în spate, peste drum de spital, ducându-mă în nord, unde traficul era blocat bună parte din zi, era o atmosferă rece, nu aveam niciun parc. Eram singur într-un apartament de patru ori mai mare decât studioul meu, dar cum stăteam la câteva sute de metri de clădirea în care închiriasem un spațiu pentru editură, am zis că e mai bine așa. Habar nu aveam cum să fac o companie, m-am adaptat din mers, țin minte că am plâns când stăteam pe mochetă, cu laptop-ul pe picioare, având internet de la telefon. Nu era nimic în jur, nicio mobilă, niciun computer, ci doar biroul cu trei camere, gol-goluț, iar în el, un om curajos care se descurcase singur de la 19 ani, fiind pe banii lui, uneori puțini, alteori mulți. Am trecut prin toate stadiile și asta mi-a prins cel mai bine. Totul s-a pus la punct, am învățat din mers, muncind câte șaisprezece ore pe zi. Ah, am uitat ceva esențial. În octombrie m-a sunat Claudia, era în tren dinspre New York spre Boston. Voia să-mi povestească despre cât de tare era la Harvard, mi-a turuit o oră despre profesori, module, lecții, cum mi-ar prinde perfect și mie un master acolo. La finalul conversației m-a invitat o săptămână la ea, în Cambridge, să văd despre ce e vorba. Am crezut că glumește, că face același joc al seducției și abandonării, că e iar Estella din *Marile Speranțe*, că-mi fac așteptări care atrag dezamăgiri uriașe. Prin urmare, am aruncat propunerea într-un coș de gunoi neuronal. Nu voiam să-mi bat capul cu asta.

Am fondat editura, am aranjat totul și pendulam între birou și complexul rezidențial, într-o primăvară superbă. Descoperisem o șosea pe care nu se circula mult și veneam pe jos pe ea. Locul de lângă fusese cucerit de vegetația sălbatică și era plin de iarbă verde, flori multicolore, tufe, arbuști, pomi diverși. Iarba era dominată de cupe roșii de maci. Când îți ies maci în cale, predă-te. M-am predat în fiecare zi, uitându-mă mirat la ei. Trăiește totul cu uimire și lasă-te vrăjit de toate lucrurile aparent mărunte, mi-am zis iar.

21

reorganizare

Munceam ore-n şir, colaboram cu ProTV, aveam o bucată de emisiune la radio, răspundeam tuturor solicitărilor de interviuri, intrasem în proiecte diverse, mă străduiam să tipăresc nişte cărţi, întreţineam câteva site-uri, scriam zilnic pe mai multe pagini Facebook, iar toate coroborate m-au îndepărtat de regula celor trei de 8. Într-o seară am făcut un atac mare de panică şi m-am speriat, pentru că mi-am văzut trecutul instantaneu şi nu voiam să revin acolo. Am simţit cum creşte în mine anxietatea marcată, cum devin iar captiv într-un turn întunecat, cum nu mai am nicio plăcere, cum mă simt străin în propriul corp, cum sunt bombardat de o paletă vastă de simptome. Le ştiam prea bine, iar când căutam explicaţii în posibile boli clare şi nu găseam nimic, eram convins că trăiam în depresie, burnout, fiind în cădere liberă. Nu putea fi altceva. Îmi venea să mă dau cu capul de pereţi, îmi pierdusem buna dispoziţie, dormeam prost, nu aveam luciditate în gândire, mă simţeam vlăguit, aşa că m-am tras într-o seară pe balcon să văd de unde pot tăia. Am zis că nu voi mai merge la nicio emisiune tv, fiind dezamăgit de felul în care puneau accent pe tot felul de bazaconii, doar de dragul audienței. La un post eu am intrat live la ora două, discutând despre importanța educației medicale, despre vitamina D, sfaturi generale pentru o viață sănătoasă, iar același post a avut la nouă seara, în prime-time, o doamnă adeptă NMG (noua medicină germanică, un curent care susține că toate bolile apar prin conflicte emoționale și sunt tratate prin depășirea conflictelor, iar aici dădea exemple cu leucemii, cancere, boli autoimune). Aceeași doamnă mărturisea că opera apendicita, o urgență chirurgicală, cu palmele, fără să taie pacientul. După asemenea gogomănii, m-am simțit inutil într-un ocean al prostiei, oricum obosisem să merg peste tot. Televiziunea ieșea din schemă, pentru cel puțin un an. Mă îndrăgostisem de radio și Ioana Bâldea Constantinescu mi-a fost, aproape un an, un minunat partener de dialog, la Radio România Cultural, dar începusem să nu mai fiu stăpân pe idei din cauza oboselii, așa că, plin de regret, m-am retras și de acolo. Am tăiat de pe listă și toate interviurile date pentru site-uri. Aveam să continui cu postările, articolele despre medicină, susținerea unor asociații, promovarea unor cauze dragi precum #noifacemunspital, Giving Tuesday, Hospice, MagiCamp, trimiterea de cărți spre centre sau organizații culturale.

M-am redresat, atinsesem iar un echilibru, eram fericit cu rezultatele mele. Venise luna mai și, pe ultima sută de metri fiind cu lansarea romanului de mică întindere, *Să-ți spui o dorință*, mi-am luat o pauză înainte de nebunie, citind, cântând la pian, bucurându-mă de lucrurile mele simple. Nu mai erau chiar simple, dar nu mă schimbasem atât de mult. Evoluasem în ultimii ani, câștigam bine din câteva contracte, avusesem curajul să mă retrag de la editura alături de care scosesem trei cărți, mi-am făcut editura mea micuță, am avut tăria să renunț la unele lucruri care îmi amenințau sănătatea psihică, dețineam controlul, mă împingeam să învăț abilități noi, eram mult mai natural și detașat față de griji.

În ultimele zile ale lui mai am cumpărat un buchet mare cu bujori și mi-am amintit de bunica. M-am oprit la florăria de lângă mine și ceva m-a împins să iau bujori. N-am știut pe moment ce. Când am ajuns acasă, mi-am dat seama că era o felie de trecut: bunica pusese bujori în curte, lângă foișorul pe al cărui loc de fapt trebuia să fie o piscină săpată și aranjată cu ajutorul lui Codiță, dar s-au răzgândit. Florile erau roșii și explodau în perioada aceea, într-o tufă mare, generatoare de mirosuri incredibile. Mă puneam în fund, pe trotuarul de lângă casă, și rămâneam suspendat în timp. Așa avem parte în viață de elemente care pot trage trecutul, alipindu-l de prezent, făcându-le aceeași entitate. Stăteam pe balcon, dar mai bine zis pe trotuar, lângă casă, aproape de tufa bunicii.

Și, printre emoțiile mele, am primit un mesaj de la Claudia. *Hei, sunt în România. Voi sta câteva zile aici, mi-ar plăcea să ne întâlnim și să-ți mai povestesc despre Harvard.* Inițial am fost șocat. Ea, care mă evitase de atâtea ori, voia acum să ne întâlnim. Ce se schimbase? Oare conta faptul că-n urmă cu mai mulți ani eram un neica-nimeni, iar acum eram cunoscut în țară, apărând prin toate mediile, având două participări la TEDx, făcând o mulțime de lucruri? Oare a văzut de fapt un potențial care nu era exploatat suficient și, prin firea ei, a voit să mă motiveze? Oare avea alte dorințe? De parcă nu-mi fusese de ajuns răsucirea psihică dată de ședința anterioară, cu nivelurile renunțării, acum, pe canapeaua de pe balcon, lângă bujori, mă gândeam dacă ar fi oportun să ne întâlnim. Suferisem atât de tare în trecut și sincer îmi jurasem să nu mai am nicio treabă cu ea, dar o bucată bună din mine dicta cu totul altceva. I-am răspuns fad, spunându-i că sunt foarte ocupat și nu pot promite nimic. Acum făceam eu pe inabordabilul și ocupatul, chiar dacă nu eram deloc ocupat atunci, fiind în plină relaxare și debarasare.

A doua zi m-a anunțat Ioana că ei vor lua cina la același restaurant în care, în trecut, ne întâlnisem și scrisesem pe acel caiet că vom reveni în aceeași formulă. Nu m-am dus. Chiar voiam să mă țin de promisiunea mea, să aștept ca ea să plece și să efectuez iar o curățare atât de necesară. Nu știu ce și-au vorbit, dacă a fost sau nu dezamăgită că nu am fost acolo, dacă avea alte așteptări. Știu doar că mintea mi-a dat iar în clocot, iar ea a antrenat și inima. Am desfăcut o sticlă cu vin și am băut-o pe toată, pe balcon, după apusul soarelui, încercând să mai scriu ceva la o viitoare carte. Aveam douăzeci de cărți în cap, mă încurcam între fire, colecții de povești, romane, texte de medicină, poeme. Țineam mai multe foldere într-o aplicație specială, toate ideile mi se păreau formidabile, dar mă poticneam la un punct și le abandonam. Somnul m-a prins pe bancheta mică, acoperit cu o pătură. Băusem cam mult și mă durea capul. M-am retras spre dormitor, pe hol trecând pe lângă camera de citit, în care aveam și pianul alb, luat când stăteam în studioul de lângă spital. Singurătatea m-a lovit atunci, sfâșietoare. Un om mare și-n același timp foarte mic, plasat într-o casă disproporționată cu nevoile lui reale, cu pacea, plăcerea, colțurile de bucurie. Mi se făcuse dor, regresiv, și de studio, până și de garsoniera lugubră din Veteranilor. M-aș fi întors acolo în timp, poate aș fi procedat altfel, aș fi scris cartea atunci, *o altă poveste de iubire*, aș fi vorbit mai mult cu Ana, m-aș fi bucurat în plus de cititul jucăuș în cafea, de mirosul teiului, de lumină. Cu durerea trecutului în viscere, mai ales în inimă, am adormit.

22

poveste

Spune-i celui de lângă tine o lungă și preafrumoasă poveste, așa îl vei ține aproape mereu. Păstrează un pic de mister, dezvăluie-te treptat, arată grijă la tot pasul. Grija pe care i-o arăți celuilalt demonstrează cât de mult îl iubești. Avem, ca entități singulare, trei nevoi speciale de apartenență. Una ar fi relația amoroasă, cu o singură persoană, bazată pe respect reciproc, disipare de ego, comunicare deschisă, curaj, expunere de vulnerabilitate, naturalețe. A doua ar fi nevoia de a exista într-un grup restrâns, de prieteni, care să aducă ingrediente noi în viață, stimul, motivație, protecție. A treia ar fi integrarea în comunitate, la scară largă, pentru că suntem ființe profund sociale. Orice carență poate părea insignifiantă, dar va genera repercusiuni în propria viață. Ne mințim când spunem că suntem bine singuri. Nu suntem bine deloc. Avem un confort pentru o perioadă, ni se pare că ne așezăm pe niște raporturi intime solide, că învățăm să ne descoperim și să ne iubim, dar picăm în însingurare, iar asta atrage consecințe nocive pe termen lung.

Nici ruperea de un cerc de prieteni sau de familie nu reprezintă vreo modalitate de trai sănătos, iar o atitudine de întoarcere de spate către societatea civilă potențează și ea o formă de existență la limita patologicului. Izolările pe toate cele trei paliere sunt pline de riscuri, iar studiile ne-au arătat cum în comunitățile în care oamenii se știau între ei, discutau deschis, se ajutau, aveau relații frumoase, longevitatea era crescută, nivelul de trai era ridicat și el. Mai mult, lipsa iubirii atrage efecte adverse în corp. Sunt arhicunoscute în comunitățile medicale cazurile de sindrom de inimă frântă, când, după o despărțire sau un deces, sub valul de substanțe de stress, numite catecolamine, inima poate suferi o balonizare, apărând și fenomene de insuficiență cardiacă. Suntem ființe care mișună prin lume și se lovesc de iubire, având imperioasă nevoie de ea. Așa stau lucrurile aici. Ne transformăm, devenim pasionali, ne îndrăgostim, intrăm în zona erotică, ne descoperim partenerul și ne autodezvelim totodată, avem unele circuite inhibate și vedem cu preponderență componentele bune din celălalt, chiar le augmentăm, simțim o stare de bine în tot corpul, scădem riscul unor boli, ne atașăm, învățăm să ne adaptăm din mers și cu ce presupune unul sau mai mulți copii, observăm metamorfozarea iubirii care se maturizează odată cu noi, băgăm de seamă și nevoia de a investi constant pentru a ține lucrurile în armonie, de multe ori chiar cu ajutor extern, prin psihoterapeuți, că nu-i nicio rușine. Iar nesiguranța plutește mereu, la tot pasul, putând să pierdem relația, să plece persoana cealaltă de lângă noi, să moară, să ne trezim iar singuri, cu inimile frânte, în suferință. Apoi e loc de altă poveste de iubire. Mereu e loc. Sau poate, în anumite cazuri, e una și bună, așa cum am văzut eu în spital, între domnul N. și soția dumnealui.

23

sirena

M-am trezit cu o stare ciudată de bine, am patinat pe parchet și-n bucătărie am pus espressorul să producă o licoare magică. Uitasem ușa de la balcon deschisă, dar perdeaua nu se mișca, semn că afară nu bătea deloc vântul. Zece dimineața, am dormit ceva, sub efectul vinului roșu taninos. Apuc cafeaua și o sticlă cu apă, le așez ușor pe măsuța din terasă, deschid cartea cu copertă albastră, *Sonete*, Marin Sorescu. Citesc câteva, sorb din cafea, privesc în depărtare și inspir adânc aerul plăcut, răcoros. Cum aveam vaza cu bujori roșii, roz și albi în față, iau telefonul și fac câteva poze, punând una pe Instagram și Facebook, apoi mă scufund în lectura sonetelor care curg și nu se mai vor lăsate deoparte. Oare ce au discutat aseară, când s-au întâlnit? Au vorbit ceva despre mine? I-a părut rău că n-am fost? Liniște. Să uit.

„Venea sirena prin valuri,
Sirena fără rimă.
Întârzia pescărușul pe maluri -

Venea Sirena!

A continua e o crimă,
Gândi pescărușul,
Strângându-și sub el
Aripile mototol.

Dacă mai vine spre mine,
M-arunc în gol -
Precum un cocoloș de hârtie,
Pe care un poet într-o zi

Ar fi dorit să picteze ceva,
Dar uite că nu izbuti!"

Notificare pe telefon. Îl dau pe *mute* și-l aruncpe masă. De ce se sperie pescărușul? E o ispită? Simte atracție față de sirenă, dar știe că există o severă incongruență între ei? Îi e mai ușor să renunțe înainte de a fi încercat ceva? Mă apasă sonetul simplu, impregnat cu simboluri, întrebându-mă dacă l-am citit întâmplător sau ascunde un mesaj codificat pe care nu-l pot pătrunde. Termin cafeaua amară și, chiar dacă-mi propusesem să nu mai parcurg toate notificările inutile, iau telefonul și descopăr un mesaj nou de la Claudia. *Hei. Nu ai venit aseară. Știu că ești foarte prins, dar mi-ar plăcea să vorbim. Ți-am văzut florile de pe terasă, să știi că bujorii sunt preferații mei, am putea să ne întâlnim oriunde, dacă ți-e mai ușor așa, pot veni și la tine, să-i miros direct.*

Na drăcie. După ce atâta amar de vreme nu a schițat niciun gest, acum vrea să vină și direct la mine acasă. Aș putea să evit orice contact, sau poate e mai bine să las lucrurile să curgă și să vedem unde ne duc. Nu, sunt prost. Voi suferi negreșit. Mai bine rămân o perioadă cu un *ce ar fi fost dacă*, decât să am parte mai târziu de o explozie. Hmmm. Nu am răspuns, am lăsat telefonul afară și m-am dus să-mi pun niște cereale cu lapte. Nici nu sunt în formă fizică bună, nu mi se pare că sunt atrăgător, ba din contră. E cert interesată de mine, dar dacă va fi dezamăgită atunci când mă va scana și va bate imediat în retragere? O să risc. Ni se întâmplă lucruri minunate când le așteptăm mai puțin sau deloc, când nu suntem neapărat în stări perfecte, pregătiți deplin pentru ele. Am visat la o întâlnire de o grămadă de ani, e cazul să gust larg din cupa ei, să mă las dus de val, să fiu eu însumi și totul se va așeza de la sine, dacă va fi cazul. I-am trimis adresa, dar eram convins că-n ultima clipa îmi va spune că a intervenit ceva și nu mai poate veni, o lăsăm pe altădată, cine știe, poate chiar pe niciodată. Am încercat să mut gândurile, dar nu era cu putință. Îmi bătea inima cu putere, aveam în mine un amestec de entuziasm, fericire, curiozitate, dar știam că, dacă se va afișa aici, trebuie să nu arăt că sunt disperat, ci rezervat. M-am scuturat de impulsurile neuronilor și m-am pus să fac planul lansării romanului meu de mică întindere, în care un puștan se ia la trântă cu moartea și, printre filosofii, personaje reale din spital și unele imaginate de el, o scoate cumva la capăt. Mă forțez să dorm și la amiază, după ce trecerea planului pe laptop se dovedește un proces alambicat și consumator de o energie pe care nu o dețineam. Trebuia să dorm, să fiu odihnit, să fiu în elementul meu. La cinci seara, Claudia mi-a dat mesaj că mai are ceva treabă și apoi pornește spre mine. Carevasăzică nu dă deloc înapoi, e iminentă ciocnirea, vine sirena și eu, pescărușul, mă pot arunca în gol sau o pot aștepta cu aripile desfăcute.

A ajuns când soarele mai avea cam o oră până la apus. S-a auzit soneria și m-am grăbit să-i deschid. Era schimbată, mai frumoasă decât o știam, nu o mai văzusem de câțiva ani buni, de fapt mai degrabă răi pentru mine. Ne-am salutat, am invitat-o înăuntru, încercând să ascund valul copleșitor de emoții care pendula în corpul meu. I-am arătat apartamentul nou și am ieșit pe balcon, după ce am făcut două cafele. A început să turuie despre Harvard, aproximativ aceleași lucruri pe care mi le spusese în urmă cu jumătate de an, când era în tren, între New York și Boston. *Ar fi grozav pentru tine, te ajută să te descoperi, să știi exact ce vrei în viață, uite, pe tine te văd cu o poziție într-o organizație mare sau chiar în politică, mi se pare că ai un potențial foarte bun, trebuie doar să-l fructifici și Harvard exact asta te învață. Am văzut tot ce ai făcut până acum, apreciez mult că te-ai descurcat singur prin munca ta, nu ai acceptat compromisuri, mi se pare foarte tare că ai reușit atâtea, am văzut și prezentările TEDx, te-am urmărit și prin emisiuni. Știi, eu am terminat acum, voi reveni în US pentru festivitatea de absolvire, te pot propune ca un candidat. Cei din conducere ne-au rugat să ne gândim la asta, la potențiali lideri, eu am foarte mulți prieteni din toată lumea care ar vrea mult să fie împinși de mine, dar m-am gândit doar la tine.* O ascultam și soarele cobora, îngălbenind cerul, dar era încă puternic și mă deranja, așa că i-am propus să intrăm într-o cameră în care țineam o saltea răsucită pe jos, în formă de canapea, multe cărți, console de jocuri pe care nu le-am folosit niciodată, pianul la care încercam să cânt zilnic. M-am așezat pe scaunul alb, cu pernă neagră, trăgându-l în spate, să am o poziție potrivită la pedale. Ea era în stânga mea, acum cu un pahar de vin rose. Îmi tremurau mâinile, dar i-am cântat Für Elise, prinsă în voință de la Ana, apoi ce am reușit din Yann Tiersen, River flows in you a lui Yiruma și, la final, improvizația mea fără nume. Pe fereastra din fața pianului distingeam discul portocaliu care cobora sub orizont. Exact în acele clipe, m-am întors pe scaun și i-am spus totul. Absolut tot. Tot ce am simțit în șapte ani, cum m-am îndrăgostit de ea, cum m-am rătăcit, cum am suferit, cum am rămas singur în Paris cu gândul tot la ea, cum nu mă așteptam niciodată la clipa în care o să fim atât de aproape. Era deja ireal. Venise, stătea la un metru de mine, îmi bubuia inima-n piept, mă transformasem din medicul puternic, stăpân pe orice situație, capabil să echilibreze un pacient aflat la limită, într-un tânăr răvășit de iubire, nu mutilat, ci înălțat. În mine a apărut o scânteie curajoasă și m-am aplecat spre ea, i-am prins fața în palme și i-am sărutat buzele. De șapte ani așteptam clipa asta, i-am zis încet. S-a retras în spate, uluită. Credeam că am făcut o mare greşeală, am stricat tot momentul, îmi voi lua o palmă şi va pleca precum o furtună. *Ce a fost asta?* mi-a zis. A fost ceva ce se va repeta, i-am zis, şi am sărutat-o iar, apoi ne-am retras în dormitor, unde sub o atracţie nebună am făcut dragoste şi, bonus, ulterior am bătut-o la Mario Kart, pe Nintendo. Apoi am făcut iar dragoste şi după ne-am povestit toate prostiile din vieţile noastre, ore în şir. Urma să plece în Paris, apoi spre SUA, pentru absolvirea la Harvard. La şapte, cu noaptea-n cap, ne-am trezit şi am băut cafea. Mi-a zis că putem încerca să fim împreună, dar va fi tare greu, ea aşteaptă o viză şi pleacă într-o misiune ONU în Fâşia Gaza. Am fost lovit. Exact, sirena, pescăruşul, ispita, teama, reticenţa.

Simţeam că am greşit şi-n acelaşi timp mă bucuram nespus că ne-am văzut. Urma să o pierd. Sau poate nu. Rămânea să mai discutăm, să vedem cum facem. Am strâns-o în braţe prelung, sărutând-o, apoi am eliberat-o într-o incertitudine. După câteva secunde, m-am dus pe balcon şi am privit jos, aşteptând să iasă din bloc. Hei! S-a uitat zâmbind spre mine şi i-am făcut cu mâna. A continuat mersul pe alee şi a intrat în uberul care o aştepta.

Întors în dormitor, mi-a venit să mă iau la palme, să mă ciupesc, să fiu sigur că sunt încă ancorat în realitate. Cum de se întâmplase așa ceva? Eram învăluit în parfumul ei, dansam fără să am nevoie de vreo muzică. Trăisem o fericire pe care n-o puteam așeza nicăieri altundeva decât adânc în mine, în nucleul plin cu cele mai frumoase lucruri din viața mea.

24

curaj

Fâşia Gaza e un teritoriu aparţinând Palestinei, care nu e ţară, ci tot un teritoriu. Nu e ţară pentru că nimeni n-a fost în stare să rezolve un conflict vechi, dintre arabi şi evrei, iar în bucata de lângă mare locuiesc acum, în condiţii dintre cele mai grele, aproape două milioane de oameni. Administraţia a fost preluată de Naţiunile Unite, oficial gruparea Hamas e la putere, teoretic e un tărâm liber, practic e o închisoare. 40 de kilometri în lungime şi aproximativ 10 în lăţime, multe ruine, rachete care trec dinspre sau spre acest tărâm al dezolării, copii rămaşi cu un viitor incert, oameni care abia se descurcă, două milioane de suflete captive într-un conflict augmentat politic. Claudia se va duce acolo, via Israel, pentru că altfel nu are cum să ajungă. Va prelua un mandat ca şef de finanţe, străduindu-se să gestioneze fondurile pentru a menţine în funcţiune spitalele, şcolile, instituţiile de strict necesar, aprovizionarea cu alimente, petrol, apă. Îţi trebuie un curaj nebun să faci asta, dar pentru ea e o nouă provocare. Mi-e și mai dragă acum, dar mă tem, e un pericol prea mare, sunt multe bombardamente acolo, se poate întâmpla orice.

Am început să vorbim în fiecare zi. Rezervasem cu Ioana și Bogdan, care între timp făcuseră și o minunăție de copil, pe Alex, apartamente în Belek, aproape de Antalya, pentru zece zile de vacanță la început de iunie. Relaxarea mea era un preambul pentru această altă relaxare și abia așteptam să ajungem acolo. Curios lucru, luaserăm apartamentele cu vreo șase luni în urmă, când eu eram singur. Am ales unul mare, dublu, și pentru mine, în speranța că poate voi rezolva și deficitul cu relația până atunci. I-am zis Claudiei, dar mi-a răspuns că nu știe sigur, depinde de viza specială acordată de Israel pentru Gaza și de când vrea ONU să înceapă mandatul acolo. S-au așezat elementele astfel încât viza a întârziat și era liberă între 2 și 10 iunie, iar noi aveam vacanța între 1 și 11. Ei nu știau nimic, nu le-am spus că m-am văzut cu ea, nu le-am mărturisit că e posibil să nu fiu chiar singur în vacanță, și dacă nu voi fi singur, voi fi chiar cu Claudia, da, fix acea Claudia, cea cu care ei mă tachinau, în jurul căreia deschideam subiecte ample pe care, după un timp, simțeam nevoia să le sufoc din fașă, pentru că nu le suportam. Da, eram împreună cu ea acum.

Am ajuns într-un orășel turcesc în care te puteai relaxa deplin în resorturi din care nu lipsea nimic. Mă simțeam grozav, vilele cu apartamente aveau ieșire la niște piscine doar ale noastre, complexul era ticsit cu restaurante, zonă de spectacole, parcuri, piscine uriașe, tobogane, orice doreai. Ne-am acomodat acolo și am dormit singur, abia așteptând ziua următoare. Pe 2 fierbeam, iar pe seară, când îl dădeam pe Alex într-un leagăn, le-am spus că o prietenă de pe Instagram mi-a scris că mi-a văzut niște poze, ea e fix în orașul de lângă Belek și mă invită pe la ea. Era o minciună, pentru că trebuia să fug la Antalya și s-o aștept pe Clo la aeroport. A ajuns târziu, am strâns-o în brațe, ridicând-o de la pământ, apoi am mers la mașina care ne aștepta să ne ducă la vilă.

A doua zi, Ioana și Bogdan erau cu Alex lângă o piscină, pe șezlonguri. Le-am dat mesaj că vin și eu acolo în scurt timp, doar să mă dezmeticesc. M-am dus cu Claudia de mână, prietena Ioanei din copilărie, cea despre care povestisem ani la rândul, pe care o dorisem și nu o avusesem, iar acum era în prelungirea mâinii mele. Ioana a avut un șoc. Da, era totul real, chiar se întâmplase, eram împreună și venise acolo. Au urmat opt zile în care am explorat împrejurimile, am vizitat niște locuri vechi, terasele cu lacuri de la Pamukale, parcul de distracții The Land of Legends unde am încercat toate roller-coasterele, ne-am relaxat, am vorbit mult, ne-am descoperit, ne-am povestit iar atâtea și atâtea lucruri. Eram natural lângă ea, o naturalețe pe care credeam că am pierdut-o. Îi puteam spune orice, de multe ori ne completam ideile. Nu mă săturam să o văd, să o sărut, să o admir, să o ascult. Într-o zi, neîncepând încă mandatul greu din Gaza, a avut un interviu pentru cea mai înaltă treaptă, P5, la ONU. L-a luat cu brio și știa că va pleca în altă țară, probabil pe alt continent, după Gaza. Pentru mine era un izvor de fascinație, mi se părea incredibil cum poate să facă toate lucrurile astea, cum nu se teme de nimic, cum acceptă neprevăzutul și se aruncă în cele mai grele sarcini. Eu evoluasem mult, împinsesem niște limite, devenisem antreprenor, eram și medic, dar încă departe de curajul ei.

25

coincidențe

Nu mai cred de mult timp că întâlnirile între oameni sunt coincidențe. Ele reprezintă împliniri ale unor trasee care au ca scop binele, crearea de noi povești, desăvârșirea sau poate chiar salvarea. Mă gândeam cum de vine un pacient fix la mine în gardă sau cum de mă nimeresc eu să intervin pentru a face bine pe cineva care se destabilizează într-o anume secție. Nu-mi mai spun "așa s-a nimerit să fie" ci "așa a trebuit să fie". Cum de cunosc pe cineva de novo, într-o nevoie, și-mi pun cumva amprenta pe evoluția respectivă. Sau cum se naște o poveste frumoasă din două care luate separat ar fi pline de gol și suferință. Minunate sunt căile acestea care au în ele un grăunte de mister. Așa a trebuit să fie.

Când am dus-o iar la aeroport și am rămas două zile singur, m-am simțit incomplet. Ea urma să plece în Paris, să-și adune câteva lucruri, iar de acolo spre Tel Aviv, capitala Israelului, ca prim punct de formalități complicate și pornire în sud, spre Gaza, punctul de trecere de la Erez. Ne-am promis că ne vom revedea curând, după ce ea se va fi acomodat în acel mediu apăsător, iar eu voi fi terminat cu lansarea noii cărți. Eram speriat de ideea unei relații la distanță, cu numeroase pericole reale, nu închipuite. În mod cert ți-e mai comod să te vezi cu cineva în același oraș, dar nu cred că iubirea e corelată în vreun fel cu această comoditate. Îmi asumasem asta, încă din prima seară când a venit la mine. Știam în ce mă bag, că aveam aproape o persoană complexă, care-mi cerea să am o ținută anume chiar fără să-mi zică în mod clar așa ceva, iar peste acest aspect delicat, trebuia să bat lumea-n lung și-n lat pentru a o vedea, a continua totul. Trebuia să mă împac cu ideea că va sta o bună bucată de timp într-un focar primejdios, într-unul din cele mai dificile locuri de pe planeta noastră, unde se petrec atentate, explodează bombe, se trage cu arme, cu tunuri, cu tancuri, cu rachete moderne sau improvizate. De curiozitate m-am uitat la un documentar despre Gaza și am văzut cum mare parte din teritoriu e sub ruine, după valurile ofensive de rachete ale Israelului, contracarând ofensiva din partea grupării Hamas, considerată teroristă. Încercam să pricep chestiuni de geopolitică, să văd unde muncește acum Claudia, să înțeleg acel conflict, să mă pun în locul ei într-o empatie care a fost mereu pronunțată la mine. Exercițiul de cunoaștere și transpunere era greoi, deoarece acolo există o istorie aparte, dreptate de ambele părți, exagerări de ambele părți, lipsă de interes real politic pentru rezolvarea problemelor, o administrație temporară, făcută cu mari sacrificii, iar, dincolo de toate, palestinieni de rând inimoși, deștepți, cu speranțe pentru un viitor mai bun, dar captivi într-un fel de închisoare în aer liber.

Am revenit în România și mi-am făcut o listă de lectură, descărcând câteva cărți pe kindle, pe lângă site-urile care scriseseră deja despre conflict, nepărtinitor, așa cum trebuia să fie jurnalismul. M-a rupt în bucăți povestea doctorului palestinian Izzeldin Abuelaish, care și-a jurat că nu va urî pe nimeni, chiar dacă își pierduse fetele într-o explozie de obuz. Izzeldin era medic și călătorea între Gaza și Israel, simțind mereu acut, pe pielea lui, umilința de la frontieră. Într-o zi, soldații israelieni au intrat cu tancurile în fâșie, așa cum fac de multe ori, îndreptând țeava spre casa medicului, având informații greșite că acolo s-ar afla teroriști. Au tras de mai multe ori, chiar spre camerele copiilor. Printre bucăți, moloz, fum și disperare, doctorul și-a găsit două fete și o mătușă moarte. Cu toate acestea, a militat ulterior pentru pacea între palestinieni și israelieni, ajungând să fie citat de Obama, să fie dat exemplu în toată lumea, chiar nominalizat la Nobelul pentru pace.

M-am rupt de povestea sfâșietoare și am schimbat câteva mesaje cu Cristina, pe care o întâlnisem ultima oară în Suresness, la marginea Parisului, când încă eram cu Adina. Oferindu-i detalii despre statusul meu actual, descriindu-i-o pe Claudia, mi-a răspuns simplu, în stilul ei: *mă bucur pentru tine, pare că e fix ce trebuie de data asta.*

Zilele au trecut, iar lansarea cărții noi, atât de importantă pentru mine, legată și de viitorul întregului proiect cu editura, nu a mers deloc bine. Interesul pentru carte a fost mic, cu toate că știam cât de frumoasă e povestea, cum poate mișca oamenii. Aveam deja cheltuieli mari la companie, căzusem într-un soi de depresie, romanul era dedicat unei asociații și voiam să donez banii din vânzări în cauza de construcție a unui spital nou pentru copiii cu afecțiuni oncologice, numai că nu mai puteam suporta costurile din rezervele mele, nu-mi ieșea niciun calcul, mă îndepărtasem de planuri, obiectivele setate, oricum lăsate mult jos, erau acum prea înalte față de realitatea dură. Făcusem o prostie. Mă rupsesem de altă editură, având curajul să-mi editez eu cărțile, să le promovez, să le trimit spre oameni, dar evident fie nu mă pricepeam la asta, fie oamenii erau săturați de mine și cărțile mele, fie nu voiau o carte cu o poveste tristă, dar pe care eu o consideram atât de necesară în societatea noastră anapoda. M-am făcut praf și am fugit în Sighișoara, să mă adun, să bat la pas locurile mele preferate, să stau în liniște. Nu i-am spus nimic Claudiei atunci, nu voiam să o oripilez cu neputințele mele, simțeam că o voi îndepărta.

Într-o suflare, trăind câteva momente de genuină fericire în orașul-cetate, am scris un text, cocoțat pe zidul de ciment de sus, de pe deal, ajuns acolo după trecerea prin scara acoperită. Acest text nu era o lungă lamentare, ci o relatare pe alocuri dureroasă. Era despre cum mi-am dat peste cap toată viața. Și cum am reușit să recâștig controlul. Oarecum. Oare. Cum?

Prin anul doi de facultate de medicină, situația mea de acasă scârțâia serios la capitolul financiar. Știți, medicina e facultatea aceea în care ai nevoie de părinți să te sprijine din multiple puncte de vedere, că e teribil de grea, costă mult dacă ești la taxă, costă mult şi tot traiul printr-un oraş mare. Aveai nevoie, pe vremea mea, de părinţi şi-n timpul rezidenţiatului, deoarece salariul era de doar câteva sute de lei pe lună, neavând cum să te întreţii din banii ăştia.

M-am angajat într-un magazin de haine, la Unirii. Împătuream tricouri și blugi, dădeam cu mopul, stăteam la casă, asta vreo douăsprezece ore pe zi, cu două weekend-uri lucrate și două libere. Era vacanță de vară, nu-mi păsa că alții sunt pe acasă iar eu am rămas la cămin, în E, în spate de Carrefour, unde căldura te nenorocea, băile erau infecte, gândacii mișunau pe holuri. Aveam un job; nu mai conta nici că șeful de magazin era un arogant nesuferit, autoplasat cu un milion de clase peste toți ceilalți. Am stat o lună de zile acolo, iar la final mi-am dat demisia, primind în plic fabuloasa sumă de 540 de lei. Cum eu trăiam cu 70 de lei pe săptămână, progresul era semnificativ. Acolo am deprins o umilință dulce - să-mi văd de treabă chiar dacă cei din jur consideră că sunt un fraier pe lângă ei. Nu conta că intrasem la facultate în prima sută, eram doar un lucrător într-un magazin de haine, un neica-nimeni pentru numeroși clienți care habar nu mai au (sau n-au avut niciodată) că orice meserie are onoarea ei, iar oamenii dețin oricum niște povești în spate.

Cum eram pasionat de domeniul IT, am aplicat pentru un job de redactor și am și primit postul. Au urmat patru ani frumoși, grei și provocatori într-o companie de publishing online, adică diverse site-uri pe anumite nișe, de la știri până la lifestyle feminin sau masculin. Am de acolo prieteni faini cu care am păstrat legături minunate, care m-au inspirat și m-au stimulat să mă dezvolt. Însă combinația medicină + scris articole cu nemiluita + făcut site-uri + colaborat cu alte reviste + implicat în proiecte era nocivă. Dormeam puțin, începusem să fac atacuri de panică, mă durea capul îngrozitor, eram obosit cronic, nu mă mai mulțumea viața mea, eram apatic la lucrurile frumoase din jur, mă speriam ușor la orice zgomot, aveam senzații de leșin. Pluteam într-un burnout care începea să fie chiar mai mult de atât, dându-mi peste cap totul în mine. În anul șase de medicină mi-am dat demisia din funcția de redactor-șef, zicându-mi că aleg calea pentru care credeam că fusesem construit. M-am apucat să învăț serios pentru rezidențiat, un examen teribil de greu și ticălos în același timp, pentru că e o toceală fără noimă.

Viața de rezident e la început minunată, mai ales dacă ai norocul să dai peste medici buni și spitale decente. Apoi nu mai e minunată, pentru că devine infernală, cu gărzi, salarii mizere (pe vremea mea, am început cu 800 de lei), observat combinații prin majoritatea spitalelor, bobârnace de la unii profesori, palme de la unii pacienți. Culegeam povești, mă umpleam de satisfacție când reușeam să fac oamenii bine, aveam în mine o stare inexplicabilă de fericire când terminam cu brio o gardă, fără niciun deces (nu am pierdut niciun pacient în tot rezidențiatul - cred că, pe undeva, m-a și iubit cineva). Dar stăteam într-o garsonieră prin care trecea curentul (inamicul meu de moarte) și totul stătea să cadă, iar oricum nu afară erau problemele mari, ci chiar în mine. Nu ieșisem din burnout, ci acum era și mai insuportabil. În interiorul meu se rupsese totul. Eram cumplit de obosit, toți trăgeau de mine prin spital, ajunsesem să fac și peste zece gărzi pe lună (nu mai erau medici), sistemul mă nemulțumea profund, primeam semnale centrale puternice că intru în vrie. Am continuat așa, pentru că nu aveam încotro.

Am început să scriu poveștile pe Facebook și pe un blog. Aveam o oază terapeutică, un fel de detașare. Scrisul mi-a adus momente de calm, apoi bucurie văzând bucuria celorlalți. Dar expunerea asta începea și ea să mă obosească. Mă duceam la tv, la radio, la interviuri, promovând educația medicală. Începusem să scriu cărți. Mergeam la un cabinet de unde mă întorceam legumă, iar acolo presiunile financiare erau în conflict cu principiile mele solide. Explodam iar. Nu mai făceam față cu toate lucrurile.

Cred că acest burnout mi-a făcut cadou și depresiile. S-au amestecat între ele, s-au potențat reciproc, creierul a clacat. M-am tras lângă niște pereți, m-am dat cu capul de ei metafizic și am zis stop.

În ultimul timp călătoresc mult. Fac educație medicală. Scriu cărți care bucură și ajută mulți oameni. Învăț. Mă odihnesc. Nu mai dau consultații pentru că nu m-am regăsit în sisteme care sunt departe de mine. O să văd ce fac aici în perioada următoare. Sunt relaxat. Am învățat că meseria de medic este nespus de frumoasă, dar prea puțini știu ce ascunde ea, ce presiuni ai pe umeri, cum dormi sau nu dormi noaptea, cum ești împuns din toate părțile, cum își târăști picioarele pe holuri, cum nu mai înțelegi nimic din ecuația ta, cum te ascunzi sub un halat pe care majoritatea îl consideră mantie de supererou, dar tu nu ești drept sub el, ci chircit, în genunchi.

Cred că trebuie să știm la ce să renunțăm în viață. De tot sau temporar. Să învățăm să spunem nu. Să ne îngrijim de viețile noastre, părăsind cercuri vicioase care ne rod. Nu regret ceva în mod special dacă mă uit în urmă. Am ajuns puternic, chit că sunt vulnerabil. Mă mir cum de mai sunt aici, pentru că știu sigur că de câteva ori eram la un pas să o pățesc, la cât de mult am tras de mine. Simt însă că am câștigat ceva: am făcut o pace cu trupul meu, cu conștiința mea, cu ce merită să țin, pentru ce să lupt. A trebuit să trec prin tot ca să deprind niște lecții, m-am scuturat, îmi duc mai departe zilele.

Cred că suntem sau putem deveni arhitecții propriilor noastre vieți. Putem lua o pauză. Putem schimba prioritățile. Putem spune nu. Putem apela la ajutor specializat, la nevoie. Putem ieși din medii sufocante. Din datele pe care le am acum, deținem o singură viață. Ea se așază până la urmă, dar pe calea inerției se așază greu, iar cu intervenția noastră se poate așeza mai repede. Nu trebuie nimeni să subestimeze amestecul acesta numit burnout. El există din plin, erodează conținuturi altfel vii, pe care le face tot mai palide. Tragem de noi în atmosfere care oricum sunt anacronice, în medii care oricum sunt vai de mama lor, în sisteme doldora de neajunsuri. Ne sufocăm în lupte și idealuri, în țineri cu dinții de cariere, mai mult pentru părerea celorlalți și a societății, pentru păstrarea unor aparențe, pentru menținerea unei presupuse bunăstări. Iar în noi e dezastru.

Am ieșit din acest amestec. Sunt împăcat cu mine. Vreau să plec în niște misiuni umanitare cu medicina, în ținuturi cu conflicte groaznice. Vreau să impactez mai mulți oameni cu scrierile mele, cu toate cărțile, cu tot ceea ce fac.

După acest text, mă gândeam sincer să fac cumva și să plec în Gaza, să fiu medic acolo, să ajut concret. Mi-am jurat că nu mă voi mai consuma cu toate nimicurile, mă voi desprinde de burnout, voi fi mai degajat, voi trăi așa cum știam prea bine, dar mă lăsam cuprins de furtuni care erau prea departe, le trăgeam deasupra mea, în jurul meu, când ele nici măcar nu existau, ignorând calmul concentric atât de plăcut. Nu era nicio tragedie dacă dădeam greș cu editura, închideam proiectul și asta era. Era o tragedie dacă reveneam la o perioadă similară din trecutul meu, cu săbii atârnând deasupra capului, cu atacuri cumplite de panică, cu nicio plăcere din nimic, cu o senzație stranie că nu mai aparțin timpului și spațiului. Ele trebuiau lăsate în urmă, la fel și ideea absurdă că am într-adevăr epilepsie și e doar o chestiune de vreme până la o criză, iar de acolo, prin lipsa gravă de împăcare cu mine, cu prăbușirea inerentă, cu toate imaginile de crize mari, mici, parțiale, de toate felurile, văzute la prietenul meu, distrus din atâtea unghiuri, mi-am jurat că nu voi continua așa, oricât de frumoasă era viața. Era pentru alții, nu pentru mine. N-aș fi suportat să fiu o corvoadă pentru mine și ceilalți, așa că mi-am așezat clar în cap ideea unui suicid în cazul în care va fi concretizat acel diagnostic. M-am întors în București cu alte planuri: să o las mai ușor cu munca și să fug cât mai curând să o revăd pe Claudia. Îi permiteau pauze la fiecare trei săptămâni, fiind logic și relativ comod să ne vedem inițial cât mai aproape de Gaza, așa că am ales Ierusalimul. Mă speria ideea, dar eram și convins că mă voi adapta. Eram, în plus, în stare să mă duc oriunde pentru a fi cu ea, să fac orice, nu conta. Aveam în spate acei șapte ani peste care se așezare concretizarea unei povești la care putusem doar să visez. Acum era tot un fel de vis din care nu voiam să mai ies vreodată.

26

scrisoare

Unii oameni pot sta unul lângă altul, iar între ei să fie un milion de kilometri distanță. Unii oameni pot fi departe unul de altul, iar între inimile lor să nu existe absolut nicio distanță. Stau întins pe o canapea și-n cameră e doar o lampă aprinsă, care abia îmblânzește întunericul. Și te văd aici, întinsă invers, ca un ying și yang stăm, uitându-ne unul la altul, fără să ne spunem nimic. Oare câte lucruri nu-și spun oamenii atunci când nu-și vorbesc? Te admir și lumina cade pe tine. Îți simt parfumul corpului și nu mă mai satur să te inspir. Aș vrea să treacă tot timpul din lume, iar eu să nu închid un ochi, privindu-te. O să-mi pun acum capul pe pieptul tău, căutând liniștea dintre două bătăi de inimă. O să te strâng în brațe, trăgându-ți aproape pielea, învelindu-mă cu ea.

Cândva, o pacientă de aproape nouăzeci de ani mi-a luat mâna și m-a întrebat de ce nu mă dau cu cremă, că e cam aspră. Era crăpată de vânt și frig. Când îmi aduc aminte, atunci eram crăpat cu totul. Și nu aveam cu ce cremă să mă dau. Ajungeam acasă, cu toate găurile din mine, pierzând prin ele și ultima fărâmă de lumină pe care o mai aveam înăuntru. Eram ca o lampă plăpândă, care se încăpățânează să se lupte cu întunericul. Stăteam pe o altă canapea, și-n vizibilul puțin de lângă mine nu vedeam nimic. Îmi duceam zilele, gândurile, crăpăturile.

Anii au trecut și-am învățat să mă vindec, cel mai mult în ultimele luni. Mai am crăpături, dar am găsit o cremă bună, făcută din travaliul a două inimi. Iar ele, indiferent de distanță și timp, bat una lângă alta.

Acum acumulez lumină în mine, pe care n-o mai pierd. O s-o scot cândva, din clipă în clipă, prin lucruri cât mai bune, pline de căldură și iubire.

Love you,
V.

27

mesaj

Hei,

Voiam să-ți spun încă o dată că mi-ai făcut cea mai mare bucurie din viața mea când ai venit la mine și apoi, cu spiritul tău nebun, ai venit și-n Belek și am petrecut niște zile foarte frumoase. Nu credeam că sunt capabil să mai am sentimente răvășitoare și intense, dar uite că sunt. Abia aștept să te văd iar, după ce te acomodezi acolo și ai liber la concediu.

Bisous,
V.

28

shukraan

Punct de întâlnire: Ierusalim. Gândul m-a omorât, pentru că trebuia să zbor până în Israel, să ajung la un airbnb lângă aeroportul Ben Gurion, apoi la Tel Aviv, de acolo să o iau spre Ierusalim, să găsesc alt apartament luat pe airbnb, să o aştept pe Claudia. Era un fleac, dar presăram frici pe toate itinerariile posibile, îmi imaginam cum nu voi fi în stare să fac totul singur, mă voi bloca la frontiera israeliană, nu voi găsi cum să o iau spre oraşul vechi. Îmi umpleam capul cu nimicuri şi aveam un motiv pentru asta: dincolo de câteva escapade prin ţară, când mă suiam în tren şi mergeam spre Sighişoara, Braşov sau Sibiu, când luam avionul spre Oradea, Bacău sau Iaşi pentru vreun congres, nu am făcut călătorii mai elaborate de unul singur. De fapt, mint. Călătorisem spre Paris şi mă descurcasem perfect, inclusiv să ajung în Suresness singur. Era aşadar altceva. Oare situaţia dintre Palestina şi Israel? Oare sensibilizarea pe care mi-o făcuse cartea *I shall not hate* a lui Abuelaish? Oare faptul că a mea iubită ajuta Gaza, iar Israelul avea un dinte împotriva acestui lucru, sau mai zis toată dantura? M-am distanțat să pot cântări problema și apoi m-am predat. Fie ce-o fi.

La Ben Gurion, în zona de control al pașapoartelor, ofițerul și-a schimbat fața când a văzut că am fost în Turcia. Am înțeles că au de furcă real cu terorismul, că-și iau mii de măsuri de precauție, că au partea lor de dreptate, dar mi se părea exagerat, mă simțeam vizat, credeam că ei știu deja de relația mea cu Claudia, chiar dacă ea își vedea strict de atribuțiile ei, fără să aducă vreun afront statului declarat suveran. Și nu erau simple conspirații, pentru că Israelul deține unul dintre cele mai avansate servicii de informații, Mossad-ul. Cine trece granița știe că se poate oricând recurge la tratamente dificile, la sechestrări de telefon mobil, la interogări care pot fi traumatizante. Am explicat clar care e relația mea cu Turcia, am răspuns coerent la orice altă întrebare și am trecut mai departe. La ieșirea din aeroport m-a așteptat Ofir și am mers cu o mașină spre casa lui, cu geamurile larg deschise. Întins în pat, i-am dat mesaj Claudiei că am ajuns cu bine, apoi am adormit. Dimineața m-am trezit în zgomote de copii. Soția lui Ofir se ocupa de grupe de copii cu deficiențe motorii, aveau o piscină la demisol și făceau exerciții în ea. Ne-am salutat cald, i-am cunoscut și mama, apoi am pornit iar spre aeroport. Aveam să constat cât de ușor se ajunge cu trenul din Ben Gurion la Ierusalem, dar în vagon m-a izbit frontal o imagine șocantă: un tânăr civil avea un pistol adevărat băgat în blugi, la spate. Au voie cu arme, oriunde. Era la o jumătate de metru de mine. Am coborât la Ierusalim, iar în douăzeci de minute de mers pe jos, folosind aplicația cu hărți, eram deja la apartamentul aflat foarte aproape de centru. Claudia avea să ajungă a doua zi, la șase dimineața, așa că am ieșit să mai prind piața mare deschisă, să-i iau pepene roșu și mentă, combinația ei preferată. Îi adusesem și primul exemplar din *Să-ți pui o dorință*.

Ierusalimul e un oraș superb, care împletește vechiul cu noul, plin de locuri știute deja din cărți, povești, filme, plin de terase cu voie bună, tineri nonconformiști și împletiri de religii, pentru că nu e numai Iisus acolo, ci și Mahommed, orașul fiind împărțit între evrei, arabi, creștini, musulmani. N-am simțit nicio tensiune, chiar dacă în zona centrală erau și soldați care nu permiteau accesul turiștilor în anumite sectoare. Claudia a venit, s-a bucurat de pepene, de carte, apoi ne-am pierdut pe străzi, printre sukurile ticsite cu suveniruri, mirodenii, rodii, haine, genți, icoane. Respectăm orice alegere religioasă a oamenilor, și credem că tocmai lipsa de respectare a stârnit cele mai mari conflicte din istorie. Am privit cu fascinație locurile considerate sfinte, am fost în Betleem, la Biserica Nativității, unde un ghid descurcăreț ne-a coborât repede pe treptele care duceau spre iesle, spre stea. Acolo, Claudia a intrat în vorbă cu un congolez, erau amândoi vorbitori de franceză, iar el lucra tot în diplomație. Veneau oameni din toate punctele globului, unii se manifestau în liniște, alții se tăvăleau pe jos, țipând. Am ieșit și ne-am îndreptat spre muzeul lui Banksy, celebrul artist mural anonim. Muzeul se află în hotelul Walled Off și arată istoria separării dintre Israel și Palestina, rolul zidului, luptele nenumărate date de-a lungul timpului. Lângă muzeu este chiar zidul plin de graffiti și declarații politice. Israelul consideră că zidul reprezintă un mod de apărare, iar palestinienii spun că e o modalitate de separare. Pe lângă Gaza, Palestina deține și West Bank, denumire care vine de la malul vestic al Iordanului. În ultimele decenii, Israel s-a infiltrat în West Bank și a construit colonii moderne, oferind evreilor locuințe ieftine sau chiar gratis, facilități diverse, doar pentru a anexa noi teritorii. E un motiv suplimentar al conflictului, și niciun regim politic intern sau extern nu a depus eforturi suficiente pentru a corecta situația. Se prevede că West Bank va dispărea, restul de palestinieni urmând să fie forțați să plece în alte țări, mai ales spre Iordania. Pentru Gaza situația e și mai tristă, pentru că au existat cândva chiar impulsuri de a o rade de pe fața pământului, invocând activitatea teroristă de acolo și cele câteva rachete improvizate trase dinspre Hamas. N-am căutat niciodată să dau vina pe Israel sau să urc Palestina pe un piedestal aparte, chiar dacă știam multe despre cele două popoare și puteam fi obiectiv. M-a întristat mereu situația, iar pe măsură ce citeam mai mult, trecând și prin operațiunile cu caracter pur militar, mă îngrozeam. Îmi era teamă și pentru că partenera mea de viață muncea acolo, în Gaza. Putea să iasă în principiu oricând, chiar avea câte o săptămână liberă la trei lucrate, așa era protocolul, profitând de asta să ne vedem în Israel sau în alte țări. Am simțit tensiuni mari în empatia mea, încercând, pe baza mărturisirilor ei, să cuprind tot tabloul, să pricep ce face ea, ce riscuri își ia, cum sunt oamenii, care este întreg contextul geopolitic.

La vreo 15 kilometri nord-vest de Ierusalim se află Ramallah, considerat capitala Cisiordaniei, denumire alternativă pentru West Bank. În Ramallah au loc frecvent intervenții militare israeliene și autoritățile trimit constant alerte pe telefon. Am descoperit un oraș prăfuit, cu multe zone sărace, dar și locuri în care unii mai descurcăreți își făcuseră afaceri înfloritoare. Snowbar, de exemplu, era o vale abruptă amenajată cu trepte, piscine, canapele, perne multicolore puse printre molizi înalți, totul impecabil, cu o mâncare delicioasă. Iar palestinienii erau mereu calzi, primitori, dincolo de orice etichetă pusă anapoda. Claudia învățase rapid cam zece cuvinte în arabă, o limbă care are o muzicalitate aparte, iar cu ele se descurca perfect în orice situație, dând impresia să știe mult mai mult de atât.

Mulțumesc: shukraan
Destul: kafia
Asa și asa: kadha wakadha
Să mergem: yalla!
Gata: khala
Te rog: min fadlak
Salut: salam alaykoom
Întâmpinare: mar-haba

Ce faci: kay fah-lak/ kay fah-lik
No problem: mish mishkella
Rămas bun: ma-salama

Ne-am întors la Ierusalim și Claudia pleca spre Gaza cu niște colegi, așa că eu am rămas singur, luând la pas orașul, până seara, când aveam avion. M-am dus într-un parc și m-am așezat la umbră, pe iarba crescută în jurul unui copac, cu gândurile mele culcate în iarbă. Cândva am trăit mai mult în afara mea decât în interior. Apoi m-am retras ca o broască țestoasă, sub un scut care avea să-mi diminueze anxietățile. M-au obosit lumea, oamenii, sarcinile cotidiene, iubirea. E trist când ajunge să te obosească iubirea și să simți nevoia să fugi, să te ascunzi de ea, intrând sub o carapace osoasă dură, unde te regăsești într-un relativ confort, într-o liniște întunecoasă. Ai face bine însă să pricepi că progresul vine din ieșirea la lumină, din încercări, lupte cu frici, lărgirea zonei de confort, datul cu pieptul în noi și noi lucruri, fie că îți plac sau nu. De fiecare dată când am iubit genuin, proiectam o posibilă despărțire, o trăgeam tot mai aproape, era iminentă. Știam că pășesc pe un tipar și e doar o chestiune de timp până ating deznodământul. Eram alături de o persoană pe care o iubeam, dar nu puteam să gestionez o doză care să sufle mister, dor, curiozitate, interes, flacără, iar în același raport să-mi asigure și mie nevoia de a sta singur, un ritual la care nu voi avea de gând să renunț toată viața. N-am găsit până acum acest echilibru, pendulând fie în izolări prelungi, caz în care celălalt își pune niște mari semne de întrebare, fie în extrema cealaltă, cu stat prea mult în suflul ei, invariabil asta pricopsindu-mă cu o senzație cumplită de sufocare, cu nevoie acută de evadare. N-am găsit mijlocul, și pentru asta mă urăsc. I-am scris odată Adinei așa: „dă-mi aproape totul, dar te rog, fă-o lin, puțin câte puțin". Când am fost la Roma, ne-a chinuit talentul și am tradus fraza: „dammi quasi tutto, ma per favore fallo senza intoppi, a poco a poco". N-am putut să ne dăm nici puțin câte puțin, în română ori italiană, pentru că senzația mea de nepotrivire îmi eroda cordul, așa că m-am retras, lăsându-i un bilet pe pianul alb pe care i-l făcusem cadou. Într-un fel sau altul, mi-am abandonat iubirile, direct sau indirect. Culmea, am luptat pentru alți oameni o bună bucată din viață, am ținut la ei mai mult ca la mine, dar în acest domeniu n-am știut să lupt; în iubire am eșuat lamentabil, ca o balenă ce s-a apropiat prea tare de mal, trecând în ape prea mici. Câteodată se găsesc oameni ce se unesc și împing, dacă pot, balena înapoi în apă. Pe mine nu m-a împins nimeni. Am ieșit complet din apă, m-am adaptat precar pe nisip, apoi în toată prelungirea lui, încetul cu încetul, cu angoasele de rigoare. Mi-am zis că nu voi mai iubi niciodată, ca a măsură de precauție. Cum știam că mereu voi atinge același punct al despărțirii, cu senzația amară de noemă, cu rupturi în cele mai intime raporturi interioare, la ce bun totul? La ce bun? La ce bun atâta rău?

Apoi lucrurile s-au schimbat, când mă așteptam chiar mai puțin. Le văd altfel acum. Sunt într-o țară din Orientul Mijlociu, am o relație cu persoana la care am visat ani la rândul, dar mi-e teamă să nu urmez același drum. Mă îngrozesc de faptul că poate sunt stricat și nu știu ce să repar la mine, că nu merit ceva bun, că oricând universul îmi poate întoarce spatele, tunând și fulgerând împotriva mea, făcându-mă să pierd tot ce am construit, să văd că nu dețin nimic, totul e o himeră. Aveam în spate povești cu același rezultat, nu mă concentrasem să le rețin părțile negative, dar erau acolo, nici nu le puteam anula. Orice om poartă în el două cântare. Unul e pentru lucrurile frumoase și bune, iar când ele ating greutatea de control, poți spune că a meritat viața ta. Celălalt e pentru lucrurile urâte și rele, iar când ele ating greutatea de control dau peste cap cântarul prins de restul corpului, stricând și corpul. Cred că am distrus ambele cântare și am un amestec cumplit înăuntru, de aici și rătăcirile mele, greșelile, tot.

29

mesaj

Mi-e dor de ochii tăi cărora nici măcar n-am reușit să le deslușesc culoarea. Poate e mai bine așa.
Mi-e dor de buzele tale cărora nici măcar n-am izbutit să le gust toată savoarea. Poate e mai bine așa.
Mi-e dor de pielea ta pe care nici măcar n-am sărutat-o în întregime. Poate e mai bine așa.
Mi-e dor de mirosul tău pe care nu l-am tras cu totul în plămânii mei. Poate e mai bine așa.
Mi-e dor de poveștile tale de viață pe care nici nu le-am primit în număr foarte mare. Poate e mai bine așa.
Mi-e dor de inima ta căreia i-am perceput doar câteva bătăi. Poate e mai bine așa.
Mi-e dor de gândurile tale care s-au așezat cuminți peste mine și apoi s-au ridicat. Poate e mai bine așa.
Mi-e dor de dorul tău pentru mine, pe care uneori aș vrea să-l topesc, dar nu reușesc. Poate e mai bine așa.
Mi-e dor să te iubesc și abia aștept să te reîntâlnesc. Va fi mai bine așa.

V.

30

fuga

Sirena de iese din mare, mai bine desfaci larg aripile și zbori, pescărușule. După trei săptămâni în care ne-am sunat și trimis mesaje în fiecare zi, ne-am întâlnit iar, de data asta în Tel Aviv. Un oraș modern, pus lângă mare, cu un centru plin de farmec. Ne-am rătăcit pe străduțele din Jaffa și seara, la apus, am văzut cel mai frumos cer. Cred că amplasarea orașului și marea spre vest creează această particularitate - aveam să descopăr ceva similar în Lisabona. O dungă portocalie incredibilă. După ce am cinat lângă mare și ne-au umplut arabii de acolo masa cu mezze, am luat-o la pas pe străduțele dintre clădirile de piatră, înghesuite, cu plăcuțe de teracotă pe ele, cu flori de hârtie peste tot.

Am simțit-o însă diferit. Îmi tot spunea dacă mi-am găsit sensul, dacă cred că activitățile mele mă împlinesc, dacă sunt fericit cu adevărat. Se făcuse extrem de cald și de fiecare dată nu mă simt bine în căldură, am o stare groaznică în corp. Sunt în elementul meu până pe la 20 - 25 de grade, apoi mă pierd când temperatura sare de 30, darămite aproape de 40. În majoritatea timpului nu suport nici vântul puternic, pentru că mi-am făcut praf părul după sutele de nopți nedormite, e tot mai rar, mă străduiesc să-l aranjez cumva și mișcarea de aer îmi distruge orice efort de a trage peste mine un dram de confort, încredere, dispoziție. După o discuție în contradictoriu, întinsă până noaptea târziu, în curtea unei case din Jaffa, m-am retras înăuntru și m-am culcat, abandonând orice schimb de cuvinte. A doua zi am ieșit să luăm micul dejun, mă odihnisem prost, patul era suspendat pe o platformă și aerul irespirabil. La o terasă din Jaffa, pe o bancă din lemn, sorbeam fără chef dintr-un latte, abia scoțând câteva sunete. Claudia m-a întrebat, subit, unde am de gând să dorm la noapte, acum că relația noastră s-a terminat. Am privit-o, mi-am păstrat calmul, i-am zis că vom lămuri problema un pic mai târziu. Ajunși înăuntru, mi-a spus că nu vrea să se încurce cu nimicuri, că ea e oricum fericită singură, nu are nevoie de vreo relație, eu voi pleca cu avionul acasă sau, dacă vreau să rămân, sunt oricum liber să fac orice. Am întrebat-o dacă e sigură și a zis că da, nu merit niciun efort, nu vede nimic bun în mine, apoi a plecat să ia prânzul cu niște prieteni. Rămas acolo, pe canapeaua de sub platforma pe care era pus patul, la care ajungeam pe o scară metalică spiralată, mă loveau ecourile acelor replici reci, mă trezisem brusc într-o noemă, toată povestea părea terminată fără să pricep de ce, cum, unde. Debusolare. Nu aveam pentru ce să mai rămân, i-am înțeles decizia sigură, chiar dacă era o gheară tare în plexul meu. Am găsit o cursă cu escală la Istanbul, mi-am strâns lucrurile și am plecat spre Ben Gurion. Avionul s-a ridicat peste acea dungă portocalie pe care am țintit-o cu privirea minute-n șir, aducându-mi aminte toate clipele trăite. Apoi, mi-am dat seama că treceam și peste Belek.

În Istanbul, în toate orele petrecute cu cafele pe masa unui restaurant, priveam oamenii și orice femeie blondă care trecea pe culoar era ea. Răsuceam telefonul pe degete. Niciun semn, niciun mesaj, nimic. Nu meritam niciun efort. M-am urcat cu tot gustul amar în avion, trecând peste orașul așezat pe malurile Bosforului, cu podurile sale iluminate. Apoi am scris un text.

Cu fiecare zi scursă devenim altcineva. Pierdem celule, neuronii se adaptează, căpătăm noi aptitudini, reamestecăm trecutul, redefinim niște lucruri, câștigăm celule proaspete, ne lăsăm influențați de alți oameni, învățăm să învățăm, descoperim uitarea, strângem povești, iubim. Cu fiecare zi scursă avem un trecut tot mai mare în urmă, dar viitorul nu prea se schimbă ca durată, pentru că nu e garantat de nimic. Viitorul se schimbă cu memoria acumulată, pentru că ingredientele devin altele. Creierul face proiecții în limita granițelor atinse deja, iar alegerile sale sunt guvernate de principii electrochimice relativ simple. Alunecăm în cercuri pe un timp pe care nu-l înțelegem, într-un spațiu în care suntem fie mult prea mici, fie mult prea mari. Când suntem încă mici, o tot luăm de la capăt. Cum inima nu are semn de inimă, nu știm de unde să o apucăm atunci când terminăm o poveste, așa că o luăm de la capăt. E valabil în multe alte domenii. Desenăm cercuri până când ajungem prea mari și trebuie să ne luăm tălpășița. E cam tot ce luăm cu noi. În eter pot rămâne unele povești intersectate cu ale altora. Sau în mințile oamenilor din urmă, care mai pot desena cercuri. Cât timp suntem acolo, nu vom muri niciodată cu adevărat.

Am văzut o dungă portocalie pe cer în Tel Aviv și nici nu am puterea s-o descriu. Parcă universul a culcat-o pe o parte, între mare și cer, unele dintre cele mai frumoase atribute ale lumii, ca să nu treacă brusc din una în alta. Parcă un fierar priceput s-a luat la întrecere cu timpul, având grijă să bată razele soarelui când încă erau calde, aducându-ne aminte că totul e încă prea frumos aici și că trebuie să ne bucurăm cu uimire de viețuirea noastră, cercuri-cercuri, povești-povești, iubire-iubire, sistolă-sistolă.

Care-i culoarea ta preferată? m-a întrebat cineva acum mulți ani. Portocaliul, i-am răspuns. Dar nu oricare. Cel dintre mare și cer, seara, când timpul se culcă pe o parte și-și trage amintirea soarelui ca o pătură fină, până aproape de umeri.

Când am ajuns acasă m-am retras pe balcon, obosit după escală, după discuție, după retragere. Era trei dimineața și se auzeau niște broaște în câmpul de lângă complex. În lumina galbenă deschisă, mi s-a părut că văd un fluture alb care dă rotocol florilor mele, apoi se așază pe cartea cu sonete, uitată pe masă. Nu aveam niciun mesaj, niciun apel. Se închisese totul.

31

scrisoare

Nu voiam să-ți mai scriu nimic, niciodată. Drumul de la „ce-mi place cum mă prinzi așa și mă ții în brațe" sau „cum te uiți la mine cu strălucire în ochi" la „nu văd nimic bun la tine" sau „să-ți cauți un alt airbnb, va fi ciudat să mai stăm împreună" a fost atât de scurt încât probabil n-am să-l pricep vreodată. Am plecat cu o adâncă dezamăgire în mine. Învins. Neiubit. Bătut din câteva vorbe aruncate cu nonșalanță. Prin aerul fierbinte, nici n-am fost în stare să mai găsesc gara de tren. Mă gândeam la cea din Ierusalim, pentru că-n Tel Aviv nici nu avusesem timp să mă acomodez, că a și trebuit să-l părăsesc. Când am ajuns în sfârșit acolo, am aflat că nici nu mergeau trenurile spre aeroport. M-am aruncat într-un taxi și șoferul m-a întrebat câte zile am stat, dacă mi-a plăcut orașul, dacă am fost singur. Am realizat că-n esență fusesem singur, teribil de singur, iar totul era un joc, o disimulare.

Vineri, la opt și 33 seara, avionul s-a ridicat peste dunga aia portocalie de cer. Speram că o voi mai vedea o dată cu tine. M-am abținut să nu plâng, ceea ce am reușit atunci, dar nu mai reușesc acum, când scriu. Mi-au trecut prin creier și inimă o grămadă de gânduri despre viață, fericire, timp, răbdare. N-o să te urăsc. Am fost furios, dar acum mi-a trecut. Încerc să mă liniștesc și să-mi văd de lucrurile mele. Lipit de geam, am zburat chiar peste bucata aia din Jaffa, cu moscheile. Apoi ne-am înălțat, am trecut marea, pesemne aproape de Belek iar. Prea multe gânduri. În Istanbul a trebuit să stau șase ore pentru transfer și cred că te-am văzut de o sută de ori. Îmi venea să vin ușor pe la spate, să te prind, să te miros, să-mi spui cât îți place să te țin așa.

Sunt iar în lumea mea. Aici nu e totul neted și roz. Aici sunt și suferințe, neputințe, căderi. Dar aici există măcar răbdare, empatie și interes pentru lucruri care se construiesc mai greu. Și deschidere să descoperi un om cum e cu adevărat. Eu am învățat multe de la tine. Reînvățam și iubirea, ușor-ușor, că nu o mai știam demult. Dar ai hotărât că e mai bine să întrerupi lecția. Mai bine pentru tine.

V.

32

răspuns

A venit un email, a doua zi, pe care l-am citit și-am aruncat telefonul în pat. Îmi cerea să vorbim puțin la telefon, dar am refuzat-o. Jucam cu aceeași monedă a detașării, chiar dacă nu era neapărat corect cum procedam. Fusesem rănit, nu știu dacă inteționat sau nu, iar orgoliul se activase. E cel mai mare inamic al iubirii. Am sunat-o eu mai târziu și am rugat-o să-mi scrie un email în care să-mi explice, așa cum poate, cum mă vede pe mine, care-i sunt sentimentele, pentru că din ce experimentasem nu pricepeam mare lucru, chiar rămăsesem cu ideea că e fericită singură oricum, sunt în plus, nu are nevoie de iubire, de mine. Mai mult, o încurcam. Avea prieteni în orice țară din lumea asta, se întâlnea cu ei, se distra, la ce bun să-și piardă viața cu cineva care tăcea la micul dejun sau nu se simțea perfect tot timpul. Email-ul ei m-a făcut să înțeleg că tot eu greșisem, iar asta a căscat și mai mult crevasa din mine.

Hai să încerc să fac bine ce m-ai rugat, cu

speranța că nu o iei ca atac, dar mai degrabă ca o sinceritate despre niște chestii care nu aș vrea să aibă loc în cuplul nostru, ca să ajungem amândoi chiar atât de sus și de fericiți cum putem. Și cred că e posibil, dacă nu, nici nu aș fi deschis vreodată un subiect și mi-aș fi văzut de viața mea fără să încerc mai departe. Din contră, de fiecare dată când încercam să explic ce simțeam, foarte adevărat, fără înflorituri și atenție (sunt foarte de acord că dau impresia că nu pun deloc inimă cu cei apropiați și poate ar trebui să scap de asta), era fiindcă știu că sub carapacea ta este o bijuterie pe care o pot iubi fără limite, și știu din experiența mea că am trecut și eu prin momentul foarte greu unde un prieten m-a pus de față cu comportamentul, complexele și vulnerabilitățile mele cele mai adânci, și m-a durut atât de mult, și după aceea am reușit să mă deschid la viață și la dragoste la un cu totul alt nivel.

Înteleg foarte bine cât de importantă este munca ta, construită de la zero, și că este extrem de stresant să conduci o companie, zi și noapte, care depinde de tine. Consumă imens. Iar stresul legat de nevoia de a crea, în plus de cea de a gestiona, este maxim. Problema este ca în fuga asta de a reuși planurile tale, intri într-un cerc vicios de gânduri numai pe temele astea pe care nu reușești des să-l rupi, și nu mai reușești să relativizezi. De la asta mi se trag absolut toate remarcile, legate între ele din motivul că încerc să recurg la alte dimensiuni de-ale tale pe care le pui deoparte zi de zi și îți dai seama prea târziu că au trecut ani fără sa le mai vezi.

Prin ideile mele aduse în scopul de a relativiza (fără tact) tu crezi că încerc să te schimb, eu cred că dimpotrivă încerc să te dezleg de toate chestiile superficiale pe care le-ai construit și să descopăr un Vasi adevărat, atât de frumos în interior, de deschis spre iubire și fericire cum simt că ești (tu, acolo ascuns sub carapace). Încerc să o rup și nu te schimb. Încerc să te focalizez pe chestiuni care te-ar face să vezi toată ecuația în mod diferit, și să nu te mai stresezi până îți vine rău, să reușești să te gândești la mult mai multe lucruri, și probleme nelegate de tine, dar de alte dimensiuni. Eu sunt sigură (dar bineînțeles că pot să mă și înșel) că poți să te eliberezi progresiv de negativitatea problemelor, și de cât te apasă și te limitează, psihic și fizic. Eu am trecut prin aceleași stadii și de-asta mi se pare că mă recunosc atât de mult în tine, și că îți cunosc interiorul atât de bine, și știu ce a mers pentru mine. Eram atât de deprimată în

Paris acum zece ani, nu mai știam cum să mă scot din muntele de probleme zilnice pe care le aveam. Și am luat un risc, fără să știu ce mă așteaptă, și niciodată nu am învățat atât de mult despre viață. Nu trebuie neapărat să faci aceleași lucruri ca mine, îți dai seama că sunt doar cele pe care le cunosc și vreau neapărat să ți le fac să le guști și tu, fiindcă te iubesc și vreau să fii fericit și să ai parte de șansa pe care am avut-o eu, să trec prin ele. Din cauza asta iau exemplul de a călători, că am învățat de o sută de ori mai mult așa decât la orice școală, la oricare documentar (mereu limitați la o singură viziune). Înveți mult din cărți, sunt foarte de acord, dar e alta să te duci la întâlnirea cu planeta noastră și cu cât mai mulți oameni diferiți, până îi asculți și le înțelegi viziunea, cu atât mai bine. Mi se pare că te-ai închis singur într-un turnuleț, te-ai tăiat de mult cu timpul ca să te protejezi, și mergi acolo în el în cercuri fără să vezi ușa deschisă jos. Mi se pare că te-ai obișnuit zi de zi cu persojanul public creat care n-are decât legături superficiale cu sute de mii de oameni, dar este de fapt foarte singur acolo sus. Mi se pare că nici nu mai reușești să relativizezi destul ca să citești și să aplici niciunele dintre sfaturile pe care le dai altora (de altfel într-un scop altruist). Dar aici este vorba de noi, de tine și de mine. Nu aş schimba nimic din ce scrii pe paginile tale și înțeleg foarte bine nevoia de a fi activ, înțeleg iarăși că nimeni nu poate pune chiar acele 30 de sfaturi la punct zi de zi, dar nu pot să accept să te văd atât de prins în cercul tău fără să reușești să te scoți din el pentru noi, pentru mine, pentru alte discuții, alte descoperiri. Poate cineva care ar sta cu tine pentru faima ta ar accepta mult mai bine toate astea, sunt de acord. Dar uite, eu sunt cu tine numai pentru ce e ascuns acolo în inimă, și știu că e, numai că încerc să-l descopăr și e greu, carapacea rezistă. Din același motiv m-am gândit ce frumos ar fi să stai câteva luni cu mine, să te uimești de o altă lume, să relativizezi, să te scot din cercul vicios. Eu zic că dacă lași ceva nu numai că ne-ar prinde bine, dar și inspirația ta, liniștea ta, sănătatea ta ar urmări inima în lejeritatea ei. Îmi pare rău dacă nu am explicat bine ceva aici, și sigur este plin de eroare în multe cuvinte. Dar cred că am zis tot fără limite. Aici e tot. Îmi pare rău dacă am zis că nu învăț nimic de la tine, nu e adevărat deloc și nici nu mai știu când am zis-o, dar îmi pare rău. Și pardon pentru toate momentele unde te-am făcut să te simți că nu ești destul bun. Eu încerc să descopăr acel Vasi care este făcut din aur înăuntru, știu că ești și deja văd multe din culoarea asta. Încerc să crap restul ce s-a pus pe deasupra, că ai crezut că ai nevoie de asta ca să îți dea forță. Nu ai, și mai ales cu mine.

E bine că m-ai făcut să scriu, fiindcă mi se pare că nu am explicat niciodată nimic din ce ziceam așa de bine ca acum.

Te pup.
C.

33

orgoliul

Îmi aduc aminte că-n ultimii ani am plâns de puține ori. Odată s-a întâmplat la spital, după ce am pierdut o pacientă de care mă atașasem enorm. Apoi când am revenit în blocul de la Veteranilor și am descoperit doliul pus deasupra ușii Anei. În acea vineri, când m-a sunat mama să-mi spună că bunica a murit, pardon, că își dă ultima suflare, am căzut în genunchi pe holul în care aveam vestiarul, iar o colegă m-a întrebat dacă sunt bine, ce se întâmplă cu mine. Am plecat fără să-i zic nimic. După asta, pauză. Am continuat să plâng în mine, de nenumărate ori, în acea peșteră, acolo unde picăturile se preling pe stalactite și cad, cu ecou, în băltoacele de jos, spărgând aerul. Dacă stalactita e unită cu stalagmita într-o coloană, apa doar se prelinge, în liniște. Nu știe nimeni că plângi, poate nici chiar tu.

Claudia avea dreptate și am plâns pe toate părțile când i-am citit răspunsul. Am revenit la el, iar și iar. L-am recitit la editură, pe o banchetă, pe balcon la mine, în metrou, în alte avioane, noaptea, dimineața, și-n vis. L-am învățat pe deasupra. Venisem în Tel Aviv, dezamăgit de rezultatele slabe cu cărțile, după ce reeditasem trei și ajunsesem la patru cu totul. Mă consumam nespus cu reacțiile oamenilor pe Facebook, unde ura era uneori incredibilă, iar eu o absorbeam prin toți porii, chiar dacă știam exact că nu-mi face bine, că trebuie să mă detașez. Alimentam o imagine tot mai îndepărtată de mine, rostogolind un bulgăre care prindea în el, pe lângă zăpadă, și pământul de sub ea. Livram liste cu sfaturi, dar listele mele din trecut erau cea mai bună dovadă a incapacității mele de a trăi veritabil și chiar a îndeplini ceva de pe o listă. Stătusem aproape un an de zile în acea garsonieră veche, nefiind în stare să împlinesc lista mea de viitor, iar acum publicam liste peste tot, poate doar ca să mă motivez, să mă agăț de ceva. Plămădisem un alter ego, o scăpare, contraponderea perfectă la toată suferința mea. Chiar din prima seară în Tel Aviv, am bombardat-o cu temerile mele, cu toate frustrările, cu felul în care construiam și grijile pe care nu le aveam, chiar dacă îmi jurasem în trecut că o voi lăsa mai moale. Nu eram în stare. Disimulam, trăgeam de timp, reveneam la același comportament stupid, nociv. În curtea casei din Jaffa, la unu dimineața, pe scaunele care ne făceau să stăm cu spatele lipit de perete, am discutat despre ce contează cu adevărat, despre cum eu ar fi bine să mă disociez de griji și superficialități, să mă concentrez pe ce e mai important pentru mine, să am o mentalitate pozitivă, să mă descopăr, să mă bucur de iubirea ei, să fiu cu adevărat prezent acolo, nu cu gândurile hăis și cea. Dar orgoliul mi s-a activat, n-am reușit să-l opresc, i-am zis ce lucruri grozave am făcut în viața mea, cum mă voi descurca cu toate, cum ea nu mă vede cu adevărat, ci vrea doar să mă micșoreze, insulte. Am recitit mesajul iar, de fiecare dată la fel de dureros. Claudia mi-a zis că-i pare rău, că putem construi ceva împreună, că dacă vom comunica deschis ne va fi bine, că merită să ne mai dăm o șansă. Am acceptat fără să clipesc.

34

întreabă-mă

întreabă-mă
unde voi fi peste o mie de ani
dacă mă vezi cu picioarele-n nisip
aproape de mare
voi fi în amintirea mării
îți voi răspunde
întreabă-mă
unde voi fi peste o mie de ani
dacă mă vezi lângă un munte
voi fi în amintirea muntelui
îți voi răspunde
întreabă-mă
unde voi fi peste o mie de ani
dacă mă vezi pe un drum
voi fi în amintirea drumului
îți voi răspunde
întreabă-mă
unde voi fi peste o mie de ani
dacă mă vezi aproape de inima ta
voi fi tot acolo
îți voi răspunde

V.

35

mizerabilul

Claudia a ajuns în Paris când avea doar patru ani. A vrut ea să învețe limba română, pe care o stăpânește foarte bine, dar uneori îi pare rău că nu transmite potrivit ideile și stâlcește cuvintele sau gramatica. A avut în Franța un statut de refugiat, iar mai târziu avea să povestească despre asta într-un discurs la Harvard, despre cât de greu i-a fost să se adapteze, cum era privită ciudat de ceilalți copii, cum nu a vorbit un an de zile nu pentru că nu știa limba, ci de teamă, despre cum, la o școală de bogați, când colegii au văzut-o pe mama ei așteptând-o, i-au zis că a venit bona să o ia. Apoi drumurile noastre au fost cumva similare, pentru că eu am preferat să iau frâiele vieții și să mă descurc singur, chiar dacă mi-am făcut praf psihicul. Aflasem că și-l făcuse și ea, într-un oraș zugrăvit ca perfect, dar care te împinge în cele mai superficiale ținute și comportamente, ce te obosesc până peste măsură. Ea a avut curajul să cucerească lumea, mie îmi lipsea asta. Și-a împins cercul de confort, a făcut tot ce visa să facă, s-a dus în cele mai grele locuri, a stat printre oameni, s-a împrietenit repede cu ei, a cules povești cât pentru o sută de vieți. Și eu tot culegător de povești eram, dar le culegeam altfel, abia privindu-le, metafizic, ciugulind simboluri și construind lumi în jurul lor. Claudia nu voia să mă micșoreze, ci să mă întregească, dar eu eram prins într-o eternă reîntoarcere, conștientizam esența din critica ei, apoi o răsuceam și o portretizam ca pe un demon ridicat din flăcări, special să mă mistuie pe mine, iar astfel poate să-i genereze ei o energie cu care se hrănea. Îmi făceam scenarii absurde, depășeam planurile realității, eram tot mai departe de acel Vasi pur, puneam pe mine straturi care mă îngreunau, mă schimonoseau, mă transformau într-o ființă oribilă, mizerabilă. Eram un mizerabil și am păstrat asta mult timp în mine. Am plutit în frici care erau mai grele decât saboții de tren lăsați pe toate roțile ființei mele. M-am hrănit cu cele mai superficiale lucruri. Am răspuns de nenumărate ori cu ură la ură, de parcă nu era suficientă în lume. Am risipit timpul bun de iubire pentru a arunca în el griji, nepăsări, orgolii. Eram o păcăleală de om, departe de postările dulci, empatice, pline de candoare de pe Facebook. Eram captiv într-o importanță care mă ucidea. Iar când cineva mi-a arătat toate astea, n-am avut o atitudine umilă, ci m-am revoltat. Mi-am jurat că mă voi schimba, fără să schimb ceva la mine, ci printr-un act de dezvelire de straturi, să reușesc să aduc la suprafață acea variantă veritabilă, pe care știam că o am undeva și mai pot doar rarisim să o accesez.

36

dorințe

La început de august am plecat într-o călătorie lungă, fără să știu exact unde. Cunoșteam punctul de start, în Bruxelles, dar de acolo, absolut nimic. Era plăcerea Claudiei de a mișuna prin locurile mai puțin bătute de alții, un pic departe de turismul de masă. Îmi promisesem câteva lucruri: voi comunica deschis atunci când simt că există o problemă, nu voi mai pleca așa repede, nu pot da cu piciorul unei persoane la care am visat șapte ani de zile, iar când în sfârșit am avut-o, mă comport infect. Trebuia să le comasez pe toate, să mă destind, să fiu glumeț, să mă disociez de orice griji sau neajunsuri de acasă, să nu acumulez în mine lucruri care acționau iar ca frâne. Am avut parte de momente incredibile, redescoperind un Bruxelles pe care îl mai văzusem de câteva ori, dar acum era cu totul altceva, eram cu Clo lângă mine. Ne-am suit într-o zi în tren și am ajuns în Köln, pentru că îi spusesem cândva că mi-ar plăcea să văd domul. Ea a ținut minte esențialul și acum îmi împlinea dorințele. Din Köln am pornit spre Hamburg, acum orașul preferat din Germania, fermecător de la ceainăria pusă în vârful insulei dintre canale, până la clădirea filarmonicii. Țin minte că-n seara în care am ajuns la hotelul Fraser, am luat o cină perfectă, am făcut dragoste și la două dimineața i-am propus să ieșim pe străzi. La Tel Aviv voia să ne plimbăm cu o trotinetă electrică, amândoi pe una, mie mi se părea stupid și, ursuz, i-am tăiat tot entuziasmul. La Hamburg am luat eu trotineta și am dat ture prin orașul gol, pe trotuare, cu ea în spate, de parcă nimic nu mai conta. Era atât de fericită. Din Hamburg am trecut spre Danemarca, oprind o seară într-un castel. Proprietarul original era pe pereți, tablou, având o cameră secretă pentru amanta lui, pe care o ținea în aceeași clădire cu soția. Claudia a luat camera secretă, dar am ajuns să le încercăm pe toate. În spatele castelului curgea, ca-ntr-un basm, un râu liniștitor. Era o țară fascinantă și noi abia pătrunsesem în ea. Am ajuns apoi în mansarda unui conac, iar afară erau mii de fluturi multicolori. Ne-am dus pe insula Rømø, acoperită cu flori roșii, intrând adânc pe un teren împrejmuit de un gărduleț pe care scria că e interzisă intrarea elefanților acolo. Am ajuns în est, la Mons Klint, unde un munte de cretă se termină în mare, iar corăbii cu vele trec ușor, generând imagini de vis. Am luat-o pe cel mai lung pod, până în Malmo, trecând în Suedia. Claudia ținuse minte și cât de mult voiam să vizitez acele țări nordice de care eram fascinat. Am dormit o seară într-un cort portocaliu, la doi metri în aer, prins cu chingi de câțiva pomi. Cel care punea aceste corturi ne lăsase și lemne de foc, iar acea misiune se demonstrase aproape imposibilă pentru mine. Mi-am zis că dacă nu reușesc să aprind focul, sunt un mascul teribil. Devenise cel mai important lucru și noroc că am găsit niște crengi uscate, rășinoase, care au luat foc aproape exploziv și au întins flăcările spre lemnele mari, cam ude. Am stat apoi la povești, lângă rodul muncii mele, satisfăcut. Am pornit spre Oslo, micul oraș norvegian în care oamenii trăiesc degajat, aproape de natură, cu o educație înaltă, cu grijă pentru mediu și ceilalți oameni. După o noapte la hotel, ne-am îmbarcat pe un vas uriaș de croazieră care avea să ne ducă în Copenhaga. Am explorat întreg vasul pe interior și exterior, iar cina s-a dovedit o aventură de neuitat. Rezervasem o experiență culinară cu opt feluri de mâncare și un pahar de vin special după fiecare fel. Stăteam la masă, aproape de un hublou, iar marea era foarte agitată, făcând vasul să se mişce brusc în balans și tangaj. Bucătarul șef ne aducea felurile sofisticate și le descria rocambolesc, în poezii de termeni, apoi venea vinul, din regiunea X, cu particularităţile Y şi Z, o feerie. Spre ultimele patru feluri am primit un ajutor substanţial din partea Claudiei, care termina rapid farfuria ei, apoi făceam rocadă, că nu mă mai puteam atinge de nimic. Îmi era cumplit de rău, transpirasem, vasul de croazieră se mişca metri buni în sus şi jos, brusc, eram în imponderabilitate, am fugit în cabină şi am oferit peştilor toată cina, sau, mă rog, ce reuşisem să gust din ea. M-a sunat bucătarul să mă întrebe dacă sunt bine şi nu cumva mai vreau nişte mâncare în cabină. L-am refuzat politicos. Claudia n-a avut nicio problemă, s-a întors fericită. În Copenhaga am bătut oraşul minunat în lung şi-n lat, chiar dacă mă resimţeam după experienţa cu călătoria pe mare. Eram la final, dar nu voiam să se mai termine niciodată. Ne înţelegeam perfect, depăşisem proiecţiile mele, puteam să stau ancorat în aici şi acum, puteam să-i ofer iubire şi o simţeam la rându-mi. Claudia a luat un zbor direct spre Tel Aviv, eu am găsit unul cu escală la Istanbul, oraş în care am făcut o mulţime de alte escale.

37

scrisoare

Mă trezesc dimineața și merg până la expressor, fac o cafea în cana mea preferată, pe care o plimb cu mine, mă lipesc de fereastră și văd cum dincolo de ea totul se transformă, verdele devine portocaliu sau roșu, frunzele cad, razele soarelui sunt tot mai palide, roua se odihnește pe firele de iarbă, ici și colo se mai aud triluri de păsări întârziate sau încăpățânate să rămână aici. Cred că cele călătoare pleacă din necesitate și se întorc din dor. Cred că cele necălătoare rămân pentru că nu știu ce-i dorul.

Am devenit în ultimul timp o pasăre călătoare, dar nu mai știu de unde plec și unde trebuie să mă întorc, pentru că reperul meu, rădăcinile, pământul de care sunt legat, toate au devenit palide, ca razele tomnatice ale astrului din cer. Descopăr locuri, particip la experiențe, gust din lucruri de care cândva mă temeam. Și mi se pare absurd că-n minunea asta eu mai am momente în care mă învelesc sub voalul greu al depresiei, când ar trebui să fiu plin de uimire și recunoștință. Asta mă doare cel mai tare.

M-am luat după tine prin lume și tu ai devenit lumea mea. Mă trezesc și parcă-ți văd ochii verzi dincolo de fereastră, dar aproape de ea. Te văd cu totul și-mi bate inima mai repede. Timpul meu de aici se măsoară acum în zilele de când nu te-am mai văzut și zilele ce mai sunt în față și au să treacă până ce te voi vedea iar. Și plec, din nou. Dar sunt o pasăre călătoare atipică, pentru că nu-mi vine să mă întorc de unde am plecat, ci-mi vine să rămân doar lângă tine, apoi să plecăm amândoi, iar și iar.

Se spune că păsările folosesc undele magnetice ale pământului pentru a se orienta. Oamenii s-ar rătăci ușor dacă s-ar lua după unde, pentru că nici nu le bagă de seamă. Unii dintre ei se iau într-adevăr după unde, întrebându-se unde se află în lume, unde e inima lor, unde e sufletul lor. Când află răspunsurile, se orientează foarte bine.

Mai ales când inima lor nu e chiar a lor, ci e alta.

V.

38

Clo

În septembrie ne-am dat întâlnire în Viena, pentru că aveam acolo o ședință cu Medici fără Frontiere, unde voiam să lucrez, legând cumva și o deplasare în Lisabona, unde urma să fiu speaker la Congresul European de Medicină Internă. Am ajuns primul în capitala cochetă în care m-aș muta oricând să trăiesc, iar Claudia avea zborul programat mai spre seară. Iubesc să mă plimb, am luat-o prin centru, pe lângă Dunăre, mi-am revăzut locurile preferate, am făcut unele cumpărături și m-am întors să mă pregătesc iar de plecare. O păcălisem că am multă treabă cu prezentarea pentru congres și o rog să vină singură la apartament, să nu se supere. Nu aveam cum să nu o aștept, așa că m-am suit în tren și eram acolo cu două ceasuri înainte, frământându-mă în zona de sosiri. Jucăuș, mi-am făcut chiar un desen cu Clo și o mică inimă roșie pe telefon cu numele ei, punându-mă lângă cei care aveau foi sau tablete cu numele oamenilor pe care-i așteptau. Îmi bătea inima cu putere și-mi transpiraseră palmele de emoții. Am văzut-o cum iese, nici nu se uită, nu vede telefonul, nu mă zărește nici pe mine, ci se duce în stânga, spre tren. O iau la pas, ajung în dreptul ei și o întreb în engleză dacă o pot ajuta cu ceva. Mi-a sărit în brațe. Aveam să constat că e abătută, se schimbaseră niște echipe la ONU, se tăiaseră din bugete, existase chiar un moment în care ieșise din mașina blindată și i s-a părut că un om are o armă îndreptată spre ei, paza apelând imediat la retragerea în vehicul. I-am contracarat supărarea cu mâncare și a funcționat perfect. Ne-am înțeles iar de minune, vorbeam orice, vizitam orașul, am urcat la Schönbrunn până la terasa acomodată în vârful dealului, făceam glume și nu dădeam niciun semn că aș fi putut periclita ceva. Apoi am zburat spre Lisabona, singur, să particip la congres, profitând și de puținul timp liber, să mă plimb prin oraș. Pe o străduță din Mauraria, partea veche a Lisabonei, aproape de castelul S. Jorge, am găsit o casă cu pereți rozalii, iar pe ei erau portrete așezate cu grijă, pesemne ale oamenilor care au locuit acolo. Totul era un proiect inedit făcut de fotograful Camilla Watson, ca să împodobească locul și să le arate recunoștință celor mai bătrâni membri ai comunității.

Și am văzut-o pe Dona Egilda, pozând ca o

veritabilă bunică, una desigur caldă, așa cum i-am găsit pe portughezi. Nu știam dacă mai trăiește, poza era din 2009. Impresionantă idee. Să așezi portrete pe casele vechi. Să ții vii astfel oamenii care au trăit în ele. Să ții vii și casele.

După congres am ieșit iar, pe sub pod, până la castel, pe străduțe. De pe platforma de la São Jorge am văzut apusul, asemănător cu cel din Tel Aviv. Un val de emoție m-a copleșit, pentru că m-am gândit la emailul Claudiei, pe care îl știam acum pe dinafară. M-am retras la Pestana, trecând pe hol pe lângă un pian căruia nu i-am rezistat. Am cântat puțin Für Elise, dar unele clape nici nu mergeau.

39

noemă

Când m-am uitat în ochii tăi m-am pierdut printre verde și galben, m-a luat puțin cu amețeală și am alunecat din greșeală pe buzele tale. M-am scuturat și, încă amețit, am dat să caut un loc în care să mă odihnesc puțin. Se pare că n-am avut mult de căutat. Între clavicule - oase aproape zburătoare - am găsit exact ce aveam nevoie, chit că alipirea mi-a arătat un pic de zgomot și nu liniștea deplină dorită de mine. Am descoperit un ritm fin de inimă și mi-am pus sufletul deasupra ei. Se pare că se știau între ele, altfel nu-mi explic cum de s-au potrivit atât de bine. „Am să așez capul puțin aici", i-a zis sufletul inimii. „Dar l-ai avut aici tot timpul", i-a răspuns inima.

Mă trezesc în anotimpul preferat, când frunzele pică-n covoare pe jos, când devin melancolic și mai creativ ca niciodată. Am în cap o carte nouă, despre iubire. Cum în oameni stau lucruri neterminate care rod și dor, mi-am propus să termin cartea la care lucrasem demult, lângă teiul meu. Nu mai aveam nicio foaie, aruncându-le atunci pe toate, dar am găsit niște notițe luate în telefon, din exact acea perioadă. Am dat să le citesc, să văd dacă leg ceva, mai ales că aveam experiență cu mai multe cărți publicate și-mi venea mult mai ușor să scriu.

Eu nu pot trăi totul la maximum. Acestea sunt niște povești. Am învățat cu greu să mă exteriorizez, să arhitecturizez bucuria pe chipul meu, iar de multe ori mă retrag în peștera mea, între o stalactită și o stalagmită ce sunt foarte aproape să se unească, stau acolo, într-un firicel de aer, rumegând fiecare clipă de fericire, țipând în mine cu ecou prelung. Așa sunt eu. Oamenii sunt diferiți, asta nu înseamnă că sunt greșiți, ci reacționează în felul lor la durere, bucurie, iubire, separare. Am pendulat mereu între stări de extroversie și retrageri, fără să pot sta continuu într-una singură, pentru că nu m-am simțit bine așa. Am savurat întunericul grotei mele, iar când am zărit o bucată de lumină, m-am dus acolo și am ieșit la suprafață printr-o crăpătură, iubind soarele o perioadă, până m-a lovit dorul de ce lăsasem în urmă. Apoi m-am ascuns, subit, dar le-am apreciat mereu pe amândouă. O persoană construită altfel poate fi realmente deranjată dacă nu-i transmiți că-ți place ceva, dacă nu faci o demonstrație, să se vadă clar. Ești fericit în interiorul tău? E degeaba, dacă nu o arăți. Te-ai bucurat în liniște pe o plajă, când ai văzut răsăritul soarelui? Cum așa, că n-ai făcut nicio tumbă prin nisip. Am trăit cu acest anacronism care s-a dovedit teribil de obositor. Sunt un retras, apreciez lucrurile mărunte în calm, le așez domol în mine, le transform în povești, le culc în locurile lor, apoi mă uit prin introspecție și mă bucur când plouă, când altceva îmi stimulează o amintire aparte, când am o stare anume. Îmi vine să mă răsucesc și să fug când văd oameni superextrovertți ce nu se mulțumesc să trăiască un moment în felul lor, ci trebuie să-i reproșeze celuilalt de ce nu face la fel. Lasă-mă singur în nisip. Sunt cu gândurile mele. Sunt conectat cu valurile, cerul, soarele care se ridică. Așa trăiesc eu. Respectă-mi construcția. Nu mă schimba. Nu-mi impune să fiu altfel. Nu-mi spune că e bine doar ca tine. Eu îți pot respecta și chiar îndrăgi orice comportament. Nu vreau să te schimb cu totul. Vreau să te descopăr așa cum ești, să mă leg de părțile tale bune și rele, mai strâns decât mă leg de valuri, cer, soare. Vreau să depășesc exteriorul, să găsesc o crăpătură și să mă retrag în întunericul grotei tale, între o stalactită și a stalagmită apropiate, cuibărindu-mă acolo, simţindu-ţi gândurile adânci, auzindu-ţi râsetele ample din interior. Nu-mi cere să mă schimb cu totul, că aşa e cel mai uşor mod prin care mă pierd.

Hmmm. Era un text ciudat care se lega cumva de prezent. Nu mai ştiu cu ce idee l-am conceput atunci, mi-e greu să raţionalizez, dar observ că păstram aceeaşi obsesie cu intenţia aproape patologică a persoanei de lângă mine de a mă schimba cu forţa. Cercuri. Revin la aceleaşi lucruri. Acum mă tem de ce am citit, poate era mai bine să nu descopăr textul.

40

picaj

În octombrie am fugit iar în Bruxelles, de data asta pentru o procedură medicală. Fiindu-i teamă că nu va mai putea face copii, Claudia a decis să-și recolteze câteva ovule și să le înghețe. E un procedeu care se practică des și necesită o pregătire specială, cu câteva tratamente injectabile care să stimuleze producția ovariană și să crească șansele unei recoltări suficiente. I-am făcut injecții în abdomen, în fiecare zi, iar la controalele de sânge și ecografice totul arăta perfect. În ziua procedurii endoscopice, însă, medicul respectiv nu a reușit să extragă niciun ovul. A fost ciudat, cu clipe chiar penibile, cu explicații care nu-și aveau rostul, mai ales că eu eram medic, dar am luat faptul împlinit. Dezamăgirea a fost uriașă, ne chinuiserăm cu tratamentele, cu vizitele, cu tot. Acolo am picat iar în depresie, chiar dacă era una relativ măruntă. Mă lăsasem copleșit de întâmplare, de neputința de a scrie o altă carte, de niște probleme la firmă. Am avut o discuție deschisă, așa cum promiseserăm că vom face întotdeauna, într-o cameră de hotel al cărei tavan conținea un cer cu trei rândunele, iar pe hol erau desenate scene din Micul prinț.

41

scrisoare

În ultimii ani am pendulat între izolări cumplite, relații eșuate, burnout, depresii, construcții de alter ego în care să proiectez varianta mea cum mi-o doream eu, sperând apoi că pot lupta, devenind chiar așa. Am făcut progrese mari, dar în inima mea am strâns teribil de multă suferință. N-am crezut niciodată în clișeul cu iubirea mare care sigur va veni și va schimba totul. Eram pe undeva convins că nu voi mai putea iubi enorm, cu scuturile lăsate, cu inima deschisă.

Întâlnirea cu tine a picat când poate, din exterior, părea că nu duc lipsă de nimic, dar în interior era același dezastru, erau niște ruine. Am încercat să nu mă îmbăt cu apă rece, am zis că tu ești oricum cu stilul tău degajat, gata oricând să mă arunci la cea mai mică nemulțumire. Am zis că așteptările mari pot aduce dezamăgiri și suferințe proporționale. Mi-am zis că, dincolo de uimirea că iată, după vreo șapte ani, noi suntem împreună, trebuie să rămân cu picioarele pe pământ. Eram convins că oricum nu va fi altfel, din imposibilitatea mea de a mai iubi așa cum visam să o fac.

Timpul a zburat și m-am lipit de tine, de umerii tăi, de buzele tale, de ochii tăi, de gesturile tale. Am păstrat aceeași nesiguranță. Am fost vulnerabil. Am mai avut depresii. Am mai avut perioade în care nu puteam să mă bucur de nimic. Dar erai reperul meu, știam că abia aștept să te văd, că, atunci când mă retrăgeam în liniște, puteam să mă gândesc la cel mai frumos lucru care mi se întâmplă. Aveam frânele în continuare lăsate pe roțile inimii, pentru că-mi era teamă în orice secundă că te vei descotorosi de mine, din plictiseală sau din orice altă cauză. A venit episodul Tel Aviv, cu plecarea mea, peste dunga portocalie a cerului, și atunci mi-am dat seama de toată fragilitatea. M-a lovit ca un pumnal rece.

Apoi, la Bruxelles, când te-am văzut pe pat, când m-am plimbat cu tine prin spital, când am fost acolo la acea veste că nimic nu a mers, am realizat un lucru: că sunt un norocos. Te-am așteptat singur în salon, cam o oră. M-am gândit la tine, la noi, la toți anii, la iubire.

Încă am perioade în care nu mă simt eu deloc. Parcă sunt un idiot care vrea să dea cu piciorul la tot, să se retragă, să cadă iar în izolare, de parcă-n întunericul acela e confortul lui. Cred, pe undeva, că obişnuit în tristeţe, nu ştiu cum să mă bucur de fericire. Cred că, pe undeva, obişnuit în întuneric, nu ştiu cum să mă bucur de lumină. Cred că, pe undeva, obişnuit cu inima închisă, nu ştiu cum să mă bucur de iubire.

Mi-am dat seama, în zilele acestea, că scuturile mele, amestecate cu perioadele tipice, mă fac un nenorocit de om. Știu că n-am făcut suficient de mult pentru tine. Nu ți-am arătat suficientă atenție. Nu m-am sacrificat îndeajuns. Mi-am dat câteva palme metafizice, mi-am zis să termin cu toate prostiile astea, am analizat momentele delicate, am stat doar eu cu mine și am constatat ceva: că te iubesc cu toată inima deschisă. Că, acum, ești cel mai important element pentru mine. Că, datorită ție, învăț să mă bucur de fericire, de lumină, de iubire, adică fix de ce puneam în acel alter ego pe care speram să-l ating cândva.

Voi mai fi vulnerabil, voi mai avea clipe aiurea, dar măcar știu acum că am aproape pe cineva care mă iubește și chiar vrea ca eu să trăiesc deschis, bun, iubitor, cald. Am luat frânele de pe roțile inimii și-acum nu cred că mă mai pot opri din iubit. Să te temi de asta. Sau să te bucuri, cu zâmbetul tău minunat.

V.

42

mesaj

Când îmi beau cafeaua mă gândesc la tine. Te imaginez de partea cealaltă a mesei, cu cana mare la mijlocul nostru. *Do what you love every day*, scrie pe ea. Oare ce-mi place să fac în fiecare zi? Oare ce aș face fără oprire, fără să obosesc, fără să mă plictisesc?

N-am căzut mult pe gânduri, că aveam răspunsul deja în mine: să te iubesc pe tine. În mii de feluri, din ce în ce mai frumos, din ce în ce mai deschis, din ce în ce mai de vis.

Am stat șapte ani-întuneric așteptându-te. Sper să stau de aici înainte mulți ani-lumină iubindu-te.

V.

43

neputințe

Închegasem două cărți noi, una despre miturile din sănătate, ca o excursie amuzantă, alta cu medicină povestită, despre inimă. Nu era nicio provocare, însă, pentru că la medicină scriam rapid, aveam multe exemple cu mituri, povești cu pacienți, legam imediat informațiile cu fragmentele menite să păstreze sau să rupă ritmul. Simțeam că am produs acele cărți din inerție mai mult, nu mă mai bucuram, visam la o poveste, ceva de iubire, dar care să conțină nu un prototip fals, ci viață adevărată, cu momente grele, cu durere, apoi armonie și fericire. Eram incapabil de asta și m-am predat neputinței.

A venit o excursie lungă în care știam deja, în mare, destinațiile. Urma să mergem cu mama Claudiei și o prietenă de-ale ei în Tel Aviv, Ierusalim, Betleem, Ramallah, Hebron apoi să trecem în Iordania. M-au lovit trei forțe: nu mă simțeam în elementul meu, pentru că aveam impresia că nu mă potriveam în acea configurație, iar asta se răsfrângea și-n purtarea mea cu ea. A doua forță era imaginea din Tel Aviv, care-mi revenise vie în minte. A treia forță era reprezentată de temperatura crescută pe care nu o mai suportam, mai ales din sudul Iordaniei, din deșert. Am avut două momente în care Claudia a adus iar în discuție despărțirea, după tot ce se petrecuse între doi, după ce stabilisem că vom încerca să reparăm totul. În niște locuri fabuloase, cum ar fi deșertul roșu din Wadi Rum sau izvoarele și cascadele de la Ma'in, noi am găsit loc pentru certuri zdravene, din nimicuri, mi-am reactivat orgoliile, am decis iar să plec, orice încercare de comunicare fiind în zadar. La Ma'in, o oază între dealuri, aproape de Marea Moartă, ne-am împăcat subit și i-am devorat, aproape cu disperare, tot corpul. Apoi am plutit în marea ce părea de ulei, am luat-o spre nord, spre Amann, urmând ca ea să mai rămână o noapte, iar noi să ne întoarcem spre România. După ce se întâmplase, mai ales după senzația mea că eram în plus în cea configurație și că mama ei și prietena acesteia, din motive necunoscute mie, e foarte probabil să fi fost doar o concepție eronată, nu mă plăceau, am decis să nu plec, să mai stau cu ea, să-i fiu alături și pe drumul înapoi spre Israel. Am petrecut momente frumoase pe care n-am cum să le mai uit vreodată și pentru care voi rămâne profund recunoscător. La frontiera cu Israelul, un soldat tânăr ne-a spus că am fi trecut mult mai ușor dacă eram căsătoriți. *O să o rezolvăm și pe asta*, i-a răspuns Claudia. După controale peste controale, am revenit în Ierusalim. Nu i-am spus nicio clipă că sunt aproape falit, am plătit un hotel și o cină cu mai multe carduri, cu ultimele fonduri de pe ele.

Revenit în țară, am părăsit apartamentul mare și am stat la niște prieteni sau mai dormeam câteva ore pe o canapea, la editură. Aveam o mare problemă: în decembrie era programată o călătorie în India și Bhutan. Pe cea din Bhutan o plătisem de mult timp, dar mai aveam nevoie de mulți bani, mi-a fost teamă să-i spun, să nu creadă că sunt prea slab. Am apelat la alți prieteni, cărțile mergeau prost, făceam calcule și nu-mi ieșea nimic. Nu suportam să iau bani cu împrumut, căpătând presiuni suplimentare de care chiar nu aveam nevoie, dar am zis că totul va fi bine, îi voi restitui rapid, în decembrie lumea cumpără cărți mai multe pentru cadouri. În realitate, n-am avut niciodată salariu la compania mea. Am pornit-o din banii mei, am retras împrumutul inițial nu din cărți, ci dintr-un contract făcut cu o altă companie uriașă, iar acei bani au fost folosiți să trăiesc și să călătoresc. Nimic din cărți. M-am scuturat și mi-am zis să nu mă mai consum, o voi scoate la capăt, risc altfel să intru iar în vrie, Claudia nu merită să aibă aproape un bărbat slab, o victimă, un neputincios.

44

mesaj

Mi-e dor de tine, de cum împungi lucrurile cu cele două degete arătătoare, cum umbli dezbrăcată, cum mă lași să te mângâi pe față, cum mă ții de mână, cum te uiți cu ochii aceia incredibili la mine, cum râzi cu gura până la urechile mele, cum mă mai cerți când sunt prost (adică mai tot timpul), cum mă împingi din cercul meu strâmt de confort, cum mă suni și zici *hei*, cum îți înșiri lucrurile peste tot, cum mănânci cu pofte uriașe, cum țipi de plăcere și-ți contracți tot corpul, cum ne plimbăm prin lume, cum tu ai devenit lumea mea...

V.

45

călătoria

În decembrie, Claudia aflase deja că va pleca din Gaza și va merge în Kinshasa, capitala Republicii Democratice Congo. DRC e țara care strânge cele mai mari probleme din tot globul. Conflicte, exploatare a minorilor, corupție, refugiați, interesele țărilor puternice în anumite minereuri, orice poți găsi acolo. Țara a fost colonia Belgiei, pare incredibil, dar regele Leopold al II-lea, văzându-i pe francezi sau britanici cât câștigă de pe urma coloniilor, și-a zis că va găsi și el una. A trimis expediții în Argentina, în țări din Asia, dar într-un final a acceptat Congo, când nici nu știa ce bogății erau acolo. Și colonia nu a fost făcută oricum, ci printr-o păcăleală, o organizație umanitară de fațadă. Mi-am strâns iar lista de cărți și m-am scufundat în lecturi ample, să descopăr unde va lucra Claudia. Acum era o diferență: în Gaza nu aveam voie să intru, dar în DRC puteam cu o viză simplă și un vaccin obligatoriu, cel pentru febra galbenă. Dincolo de multiplele conflicte, țara nu mai era atât de periculoasă. Mi-era frică mai degrabă de temperatura constant peste 30 de grade, inclusiv noaptea, dar Claudia m-a asigurat că mă voi adapta, ea mai fusese și era îndrăgostită de Africa. Ne-am făcut planuri mari, cum voi merge acolo, voi continua să gestionez editura, mă voi apuca de misiuni cu Medici fără Frontieră, vom cumpăra o mașină și vom cutreiera tot continentul.

Înainte de Crăciun a venit în România. Am luat un apartament în stil parizian, în Centrul vechi, chiar lângă Teatrul mic. L-am ales pentru că avea o pianină care semăna cu cea a Anei și mai ales pentru că pe un perete, în dormitor, era o hartă a Africii, pe care cineva desenase ceva și se vedea perfect Congo. I-am vizitat bunicii. Costel a fost un manager energic, iar acum, la peste 80 de ani, nu se împacă deloc cu bătrânețea și lipsa muncii lui tipice, de conducător. Se bucura nespus când mă vedea, era mândru că nepoata lui, pe care o iubea ca pe ochii din cap, își găsise în sfârșit un om bun, un medic, mai eram și român! Costel mi-a pus în brațe o mapă cu sute de foi pe care făcuse catrene; a scormonit după mapă imediat ce a aflat că sunt și scriitor. Le-am parcurs cu emoție, pentru că-n multe vorbea despre Claudia. Lida a fost asistentă la chirurgie și ne-a povestit, cu o dicție impecabilă, scene din viața ei. Înainte să mergem în vizite ne ruga să o anunțăm mai din timp, să ne pregătească ceva bun. Ne umplea toată masa și am mâncat, pentru prima oară, ouă umplute. Delicioase. Când m-am dus spre biblioteca din sufragerie, Claudia mi-a zis că pot să-mi aleg niște cărți, numai să i le aduc cândva înapoi, că ține mult la ele. În colecția vastă Biblioteca pentru toți, am fost surprins să găsesc cărțile 144 și 145, Faust, coperte turcoaz. Cărțile pe care le luasem și de la Ana.

Am plecat câteva zile în Dubai, iar de acolo aveam zbor spre New Delhi. Cu India nu m-am entuziasmat, pentru că primisem păreri diverse referitoare la aglomerație, mizerie, poluare, sărăcie. Știam puține lucruri despre civilizație, rămăsesem în minte cu *Slumdog milionaire* și *Life of Pi*, mai ales cu scena de început din al doilea film, acele imagini superbe cu grădina zoo în care se vede vegetația luxuriantă și ceața tipică. În Delhi, în afara aeroportului, la cinci seara, nu te vedeai la trei metri distanță. Se simțea imediat poluarea înaltă, dar ei nu aveau nicio treabă. Am pornit spre Jor Bagh, cartierul diplomatic, pentru că aveam să stăm în casa lui Candice și a lui Gustavo, un cuplu simpatic. Candice fusese colega Claudiei la

Harvard, iar Gustavo era un brazilian cu misiune la ambasada țării lui. Mi s-au dat peste cap toate preconcepțiile. India e pur și simplu fermecătoare. India este un amestec incredibil. Pretutindeni vezi vegetație luxuriantă, papagali, veverițe, maimuțe, dar și mizerie, aglomerație, zgomot. Aerul poate fi extrem de poluat prin marile orașe, din cauza traficului, focurilor făcute de oameni, câmpurilor arse după anumite culturi, fabricilor care nu par a avea vreo reglementare.

Mașinile, camioanele, bicicletele, tuk tuk-urile, motoretele, autobuzele circulă haotic, fiecare își găsește un loc pe șosea. Există sistemul britanic de condus pe stânga. Claxoanele sunt auzite cu duiumul și nu ca să se înjure șoferii între ei, ci să-și anunțe pozițiile. Traversarea unei străzi e o aventură, chiar și pe trecerea de pietoni; nu te lovește nimeni, dar stai cu inima cât un purice mereu.

La nivel de medicină e același haos. La televizor apar medici care recomandă suplimente-minune, energii, plante, numai lucruri fără adevăr științific în spate. Sunt multe cabinete de homeopatie. Nu mai menționez de chakre, dar asta e, nu comentez o religie și o atmosferă în care au crescut cu toții. Dacă intri într-un magazin de ceaiuri, cineva de acolo îți va spune că X ceai tratează cancerul, Y sortiment tratează bolile de piele, Z amestec tratează impotența. E un ghiveci departe de orice fărâmă de știință, reglementare, rațiune.

Țara e uriașă, ca întindere și populație. Foarte mulți extrem de săraci, dar cumva bucuria își face loc în ei. Am văzut copii cu zmeie pe clădiri dărăpănate. Am văzut oameni adunați în jurul focului, pentru că noaptea în decembrie se face acum destul de frig. Sunt omenoși, simpli, iubitori.

Majoritatea căsătoriilor se aranjează. Mentalitatea e să muncești orice, să faci ceva bani, să te căsătorești. Iubirea poate să apară. Sau nu.

În unele perioade sunt multe proteste pe teme religioase, augmentate politic. Guvernul taie internetul când vrea, ca oamenii să nu se coaguleze pe anumite rețele. Dar cad și sistemele de plăți cu cardul, platformele de navigație, sistemele de comunicare între diverse instituții sau companii private.

Ocupația britanică de 150 de ani a lăsat amprente adânci. Ceaiul e produs aici, dar e english tea. Engleza nu e știută chiar de oricine. Se conduce pe stânga, volanele sunt pe dreapta. Drumuri destul de bune. Desprinderea de Marea Britanie a adus speranțe multe, dar populația e prea numeroasă, corupția e la cote uriașe, clasa politică a însemnat dezamăgire, totul e contrast între sărăcie lucie și bogăție stridentă, mizerie și lux.

Am luat-o la pas prin parcuri în care vedeam veverițe, maimuțe, papagali. Ne-am aruncat într-un tuk tuk și nu înțelegeam cum pot să conducă acești oameni, cu milioane de claxoane, cu mașini de toate felurile ce nu par a respecta vreo regulă. Ca să-mi schimb o cartelă SIM, șoferul tuk tuk-ului m-a dus la un prieten, iar acolo a trebuit să stau la poză și la completat declarații pentru o amărâtă de cartelă. Nu mai aveam rupii, iar fiul celui care deținea o struțocămilă de afacere, cu agenție de turism și reparație de telefoane, a zis că mă duce el la un bancomat, să stau fără griji. Am stat exact fără griji, mai ales când puștiul m-a tras pe centrul intersecției și mi-a zis *nu te teme, continuă să mergi, aici nu dă nimeni peste tine niciodată.* Slalomul palpitant avea să se repete, iar atunci ghidul meu mi-a explicat filosofia vieții: *ca să fii fericit, muncești mult, faci bani, îți permiți o soție, apoi ești fericit.* Floare la ureche. El era happy. M-am bucurat că e happy, l-am întrebat cum de e însurat așa mic. Mi-a răspuns că nu, nu e însurat, e în faza cu strânsul banilor. Așa îl cheamă, Hapi. Claudia s-a distrat pe cinste când a auzit povestea, mai ales când și-a imaginat traversarea intersecției, unde, printre altele, am ocolit și o vacă.

Pentru că aveam timp, Gustavo ne-a propus o excursie la Jaipur și Agra. Ne-a aranjat el cu un șofer și am pornit dimineața spre Agra, să vizităm Taj Mahalul, un vis din copilărie. Locul are un farmec aparte și e, în esență, un templu al iubirii. Marmura albă are motive florale care nu sunt pictate, ci încrustate. Turnurile din colțurile platformei sunt înclinate spre exterior, să nu se prăbușească spre corpul central în caz de cutremur. Tot locul are o magie aparte, dar aglomerația te omoară. E un monument-mormânt, ascunde povești de iubire, răzbunări, un frate în plan, negru, pe celălalt mal al râului, dar sufocat din fașă pentru că ar fi distrus fondurile țării. Șoferul ne-a dus la hotelul Imperial, unde ne-am încălzit cu apă fierbinte în ploscă și un calorifer electric. A doua zi am pornit spre Jaipur, vizitând forturile, castelul de pe apă, trecând pe lângă elefanți, intrând prin clădiri pline de istorie. Luasem o cameră la un spa retreat pe care l-am găsit cu greu, părăsind șoseaua și mergând pe un drum de pământ, destul de accidentat. N-aș mai fi plecat niciodată de acolo. Locul era incredibil de frumos, plin de flori, de păsări. Pentru că-n opțiuni exista posibilitatea de a pune apă caldă într-o piscină exterioară, aflată în intimitate chiar lângă pavilionul nostru, presărată cu arome și petale de trandafiri, am mers cu încredere, cu binecuvântare și de la recepționeră, pe această variantă, chit că era destul de târziu și cam frig. Un domn a venit, a dat drumul la un robinet și a plecat. Apelul următor mi-a relevat vocea distinsă a doamnei de la recepție. Totul este pregătit. Am ieșit și dintr-un robinet strâmb curgea o apă călâie. Nicio aromă, nicio petală în piscină. Am zis totuși că merită experința, așa că am intrat, cu un pahar de șampanie, dornic să mă întind și să admir cerul. În trei secunde eram sub dușul fierbinte din baie, clănțănind din dinți, primind și hohotele Claudiei, care a preferat să rămână în pat. Când am ajuns lângă ea, ne-am întrebat unde oare doarme șoferul, speram să nu rămână în mașină, să aibă undeva condiții bune. De fiecare dată când opream îi luam și lui cafea, senvișuri, prăjiturele, dar era extrem de rușinat, abia a îndrăznit să se atingă de o cafea. La finalul excursiei, când ne-a întors în siguranță în Jor Bagh, i-am lăsat o sumă mai mare de bani, sper să-i fi prins bine. Nu putem ști tot ce se află în spatele unui om, ce are acasă, ce nu are, mai ales într-o țară în care majoritatea populației este extrem de săracă. La felul în care s-a comportat cu noi și cum îl vedeam, ne-am dat seama imediat că era un om bun.

Se apropie zborul spre Paro, Bhutan. Nicio problemă de cuplu. Câteva întâlniri cu alți colegi de la Harvard, Claudia era mândră să mă prezinte tuturor, spunea că suntem soț și soție.

46

maci albaștri

Bhutanul este o țară mică aflată între India și China, aproape de masivul Himalayan. Dincolo de religia buddhistă și grija enormă pentru natură, acolo s-a mai dezvoltat ceva: Gross National Happiness, care s-ar traduce Fericirea Națională Brută, un index similar cu PIB-ul, numai că măsoară, pe baza multor parametri, fericirea oamenilor. Ardeam de nerăbdare să vizitez această țară, iar totul s-a întâmplat iar mulțumită Claudiei. Kinga Tshering a fondat Institutul Fericirii, a gestionat ce însemna GNH și a avut ideea de a organiza o tabără cu cei de la Harvard, pentru că și el făcuse un master acolo. Împreună cu mulți colegi de-ai Claudiei, din toate colțurile lumii, aveam să stăm opt zile pe tărâmul fericirii.

Zborul de la Delhi la Paro e o experiență de neuitat, pentru că avionul are o dimensiune mai mică, trece pe lângă Everest, iar aproape de orășelul bhutanez face niște manevre de-ți taie răsuflarea, ocolind munții. Aeroportul stă între munți de peste

5000 de metri înălțime și e considerat printre cele mai solicitante pentru piloți din întreaga lume. Sub 20 de piloți au certificare să decoleze și să aterizeze acolo. Am simțit imediat diferența de calitate a aerului, între un Delhi sufocant, generator de bronhospasm, la un Paro unde puteam respira ceva ce se chema aer. Pista a fost inițial dedicată elicopterelor, apoi a suportat avioane de mici dimensiuni, fiind ulterior lungită pentru a acomoda și aeronave mai mari, totul cu ajutorul indienilor. Dacă întrebai pe cineva din India care le este relația cu mica țară din nord, nici măcar nu o considerau altă țară, fiind frații lor, tot India. Ajutorul încă există, pentru că Bhutanul nu are turism de masă, preferând să nu o ia pe un drum greșit, așa cum a făcut Nepalul. Majoritatea veniturilor se obțin din energia electrică hidrologică și acordurile de ajutor cu India.

Clădirea aeroportului e un spectacol vizual în sine, respectând arhitectura tradițională și motivele florale tipice, prinse în așa-numitul dzong. În avion citisem puțin despre Thimphu, capitala aflată la 50 de kilometri de Paro, despre macul albastru, care e floarea națională, despre corb, care e pasărea oficială a țării, desigur despre acel GNH. Abia așteptam să descopăr o altă viziune asupra fericirii, pentru că subiectul m-a interesat dintotdeauna și am scris amplu despre el.

N-am considerat niciodată că fericirea este o stare de continuă bucurie împletită cu mulțumirea de sine, iubirea, liniștea, ci că ea conține și tumult, lupte, durere, iar tot acest amestec dă savoare vieții. N-aș zice că suntem vânători de suferință, ar fi trist să fie așa, dar inerent avem parte și de aceste fețe ale unei figuri poliedrice. Sunt o ființă spirituală, dar neîngrădită într-o religie anume. Eu cred că Dumnezeu stă în toți oamenii și-n toate lucrurile, că nu avem vieți de apoi, ci raiul e mereu în jurul nostru, că menirea noastră aici e să ne descoperim, să ne ajutăm pe noi înșine, să-i ajutăm pe ceilalți, să fim generoși, să trăim în iubire. Am perioade în care-mi pierd orice urmă de sens și oricum nu mi-am găsit nici acum sensul principal, dar în mare știu pe unde mă situez. Bhutanul avea în spate un buddhism al păcii, al conexiunii dintre oameni, al meditației. Oamenii trăiau prin munți, pe coline, aproape de terasele pe care plantau legume sau, cel mai des, orez. Se împăcau cu natura, cu animalele, aveau tradiții puternice, legende pe care le transmiteau din aproape în aproape, un respect enorm pentru regalitate, un amestec între o medicină modernă, cu acceptarea fără niciun dubiu a vaccinurilor, spre exemplu, dar și recurgerea la tratamente naturiste, mai degrabă ca o formă adjuvantă recunoscută ca fiind inutilă în afecțiunile principale, cronice, grave, unde tot pe medicina alopată puneau mare preț.

Organizatorii ne-au așteptat la aeroport, am făcut cunoștință cu ei, ne-am grupat toți, ne-au luat bagajele și le-au suit pe microbuze colorate, pline de stegulețe multicolore. Porneam spre Thimphu, căruia eu îi ziceam, voit, Timpu. Acolo aveam să constat că timpul trece în alt mod.

Nici nu intrasem bine pe acel tărâm și Gustavo învățase deja câteva cuvinte în dzongkha, cel mai des folosind *cadice*, adică *mulțumesc*. Eu știam de *gakyid* care era *fericire* și chiar intenționam să scriu, plin de entuziasm, o carte cu acest nume.

47

rătăciri

Ne-am rătăcit sufletele. Cei mai mulți dintre noi trăiesc în orașe care ne apasă din toate părțile. Nu mai avem conexiuni cu natura în care am apărut, nu-i mai simțim vibrația vie, muzica, magia. Alergăm în mai multe direcții după lucruri despre care credem cu convingere că ne vor împlini, dar când le obținem, constatăm rapid că nu știm cum să ne bucurăm de ele, dorindu-ne altceva. Așteptăm validări de la ceilalți. Mișunăm prin tipare, căutăm soluții rapide, chiar miraculoase, care să ne astupe carențele, să ne dea energie, să ne suplinească și cantitatea, respetiv calitate proastă a somnului. Ne mulțumim cu relații mai degrabă virtuale, iar iubirea cade într-un plan secundar. O vrem cu toții, tânjim după ea, dar nu mai avem curajul să-i facem loc, umili, în viața noastră. Ne însingurăm, retrăgându-ne în propriile peșteri, departe de o lume care devine tot mai plină de ură. Ne tragem zilele la indigo, mai luăm o mască, mai punem un strat pe noi, mai construim o imagine, toate departe de eul nostru veritabil. Distanța dintre noi și noi crește tot mai tare, până ne rătăcim. Căutăm răspunsuri, generăm întrebări suplimentare, complicăm totul, construim furtuni și griji în oceane de calm, trăim cu inimile-n piuneze, cu creierele în ceață, în ritm alert, în durere, în chin. Ne-am rătăcit sufletele.

48

lista

Am ajuns la Thimphu Tower, hotelul deținut de Wangmo și Kinga, pe care aveam să-i cunoaștem mai bine zilele următoare. În piațeta orașului, lângă hotel, câțiva puști făceau repetiții de dans pe o scenă aranjată pentru trecerea dintre ani. Wangmo și Kinga arătau grozav, nu le dădeam mai mult de 40 de ani, dar aveau peste 50, formând un cuplu de mai bine de trei decenii. Voiam încă din start să-i întreb care e secretul lor, ce înseamnă fericirea pentru ei, dar am zis că mai aștept. Seara ne-am coagulat într-o cameră, să ne cunoaștem. Toți erau impresionați de Claudia, de cum vorbea, de faptul că lucra la ONU și era încă în misiune în Fâșia Gaza, despre care nu mulți știau suficiente lucruri și voiau să descopere informații din interior. O familie de americani care vizitaseră chiar România, de la litoral până la Maramureș, mărturisind că s-ar întoarce oricând aici, ne-a descusut imediat, cu intenția de a afla și povestea noastră, așa că am început cu cei șapte ani de așteptare și acum cu concretizarea unei relații la care doar visasem.

Știam deja că-n ianuarie va veni o rupere de Gaza și o stabilire pentru trei ani în Congo, iar planul era să stau și eu acolo în majoritatea timpului. Kinga și Wangmo ne-au dus prin temple, la hiking, la fortărețe, ne-am întâlnit cu premierul Bhutanului, cu Ministrul Sănătății, cu medicii din spitalul principal din Thimphu. Am aflat, într-o zi, de la un călugăr buddhist școlit și el în SUA la o universitate din Ivy League, că meditația nu înseamnă să-ți deconectezi mintea și să nu te gândești la nimic, ci din contră, să te gândești la ceva și să-ți antrenezi mintea. Iar ochii, în meditație, se țin deschiși.

Pe 31, în ultima zi din an, Claudia și-a sunat bunicii din România. I-a spus Lidei cât de fericită este cu mine, că sunt minunat și nici n-a visat că noi doi puteam dezvolta o asemenea relație. Nu-și elibera decât rarisim sentimentele în acest mod, iar eu am luat-o în brațe și-am sărutat-o. Costel abia aștepta să mă întorc în țară și să-l mai vizitez, să stăm amplu de vorbă și, doar dacă vreau, să-i fac și-o consultație de care oricum eu pomenisem cândva. În apusul soarelui, la etajul cinci al hotelului, în muzica repetitivă ce venea din piațetă, cu Clo aproape de mine, am știut că sunt cel mai norocos și fericit om. Nu vânam perfecțiuni absurde, frumuseți de coperte, ambalaje anoste, ci substanță, iar acum aveam din plin.

Ne-am întâlnit cu ceilalți la o cină scurtă și apoi am dansat puțin într-un bar, așteptând un pasaj de convenție de care ne păsa foarte puțin.

În Bhutan timpul curge altfel. Vezi lucrurile mărunte, observi natura care te înconjoară, urci pe munți care-ți oferă priveliști spectaculoase, întâlnești oameni calzi, dai piept cu împletitura dintre spiritualitate, legendă, mistic. În zonele bătute de vânt, oamenii leagă funii cu stegulețe multicolore pe ele, cel mai des între mai mulți copaci. Steagurile sunt albe, galbene, verzi, roșii și albastre, ele având pictate simboluri în dzongkha, limbajul local. Acele simboluri reprezintă rugăciuni, iar când vântul trece prin ele, preia rugăciunile și le împrăștie peste oameni. Nu suport vântul în general, dar acolo m-am predat în fața lui.

În temple vedeai simplitatea locurilor, statuile cu Buddha, florile, călugării în straiele lor roșii.

Pe podul care ducea spre Punakha, capitala veche, ei s-au oprit să admire secunde în șir râul cristalin plin de păstrăvi, iar Claudia i-a imortalziat pe toți într-o poză neregizată. Era o bucurie plutindă la tot pasul. Într-o zi am făcut un traseu greu spre Taktsang Palphug, la Tiger's Nest, un templu simbol pentru Bhutan, văzut în orice material de promovare. Pe copaci erau steaguri, iar în anumite deschizături din roci vedeam ca niște figurine care se chemau mini stupa, fiind de fapt un tribut adus unei persoane decedate, având în ele și fragmente din trupul ei, un gram de cenușă, pentru că sunt adepții incinerării. Tot morminte mai sunt și steagurile albe, văzute pe versanți, ridicate pe stâlpii lor din lemn.

Magia Bhutanului e prinsă și-ntr-o scenă simplă: eram într-un trek și pozam un pui de cățel, iar undeva mai jos era un grup de bhutanezi care se distrau, ascultau muzică, găteau ceva la un ceaun. După o cățărare destul de grea de vreo trei ore, gașca noastră de 15 oameni a ajuns aproape de ei. La nici o sută de metri era microbuzul nostru. Ne-au salutat, ne-au invitat să mâncăm cu ei, am dansat de mama focului, am făcut poze. Bhutanezii sunt incredibili. Atât de calzi, primitori, umili, simpli, zâmbitori. Am strâns toate poveștile acestea și port o recunoștință uriașă că le-am putut trăi.

La finalul lui 2019, așa cum fac la orice sfârșit de an, m-am așezat cuminte cu o cafea aproape, cu Claudia în pat, apucându-mă să scriu un soi de retrospectivă.

1. După lungi rătăciri și depresii, mi-am dat seama că fericirea poate lovi năucitor. E posibil să nu știi cum s-o gestionezi. Mie mi-a luat cam jumătate de an să mă împrietenesc cu ea.

2. Am călătorit în 20 de țări. Cele mai frumoase au fost Danemarca, Iordania și Bhutan.

3. Am fondat Readers Do Good și-am fost de două ori aproape să închid totul. Am făcut multe greșeli, dar am și învățat o grămadă.

4. Am ajuns la șase cărți scrise. Nu-s un autor strălucit, știu asta. Sper doar că am adus un pic de bucurie și am ajutat cititorii măcar puțin.

5. Am donat peste o mie de cărți spre asociații, proiecte frumoase, oameni care-i învață pe alții. E

un lucru care mă împlinește.

6. Am fost speaker la TEDx Universitatea Politehnică București. A ieșit nebunie. Felicitări tinerilor grozavi de acolo.

7. Am fost speaker la Congresul European de Medicină Internă.

8. M-am retras de la TV, radio, interviuri, prezențe la evenimente. Sper că nu s-a supărat nimeni prea tare. Obosisem cumplit.

9. Cartea „Să-ți pui o dorință" mi-a adus o satisfacție aparte. E o dedicație specială pentru asociația Dăruiește Viață.

10. Am dormit în deșert, în Wadi Rum, Iordania. Incredibilă experiența.

11. Am auzit o sută de gazilioane de claxoane în India.

12. Am devenit mult mai relaxat.

13. Mi-am dat seama că era prea mult „eu" peste tot

și-am redus considerabil din el.

14. Am început să procesez un jurnal cu o bucată interesantă din viața mea. O să doară tare când va fi publicat și citit.

15. Am pierdut vreo zece mii de fire de păr.

16. Mi-au ieșit vreo patru glume.

17. Mi-au rămas 100 de lire turcești și nu știu ce să fac cu ele.

18. M-am vaccinat împotriva febrei galbene. N-am făcut autism.

Avusesem și momente grele, neînțelegeri amplificate absurd din exarcerbări de orgolii, dar eram amândoi, învățând cum să remediem repede orice problemă. Ne iubeam, îmi puneam uneori în față emailul ei după fuga mea din Tel Aviv, când simțeam că nu mai știu care-i sunt sentimentele, parcă dorind o dezvelire mai deasă a lor. Dar erau acolo, le percepeam pulsațiile. Am aruncat telefonul și am vorbit despre planuri, despre cum vom ajunge amândoi în Kinshasa și nu ne vom mai întâlni mereu în alt loc, în Orientul Mijlociu, Europa sau Asia, având în sfârșit timp să stăm mai mult împreună, să ne descoperim, să vedem că putem construi ceva de durată. Aveam toate ingredientele. Mă debarasasem de griji, de proiecte, de presiunea de a întreține prea multe site-uri și pagini, de întreținerea unei imagini care se îndepărta tot mai tare de mine, sau eu de ea, nici nu mai știu. Puteam face orice, trecutul îmi arăta că mă puteam acomoda oriunde și viitorul părea posibil în orice extensie a lui.

49

postare

Cum sunt în Bhutan, mă tot frământă subiectul acesta cu fericirea. Care să fie secretul ei? E normal să alergăm după așa ceva? Am tot plămădit de-a lungul timpului rețete pentru o viață fericită, sănătoasă, împlinită și sunt convins că un checklist nu înseamnă automat că va duce la același rezultat pentru oricine, dar mai așez aici câteva gânduri.

1. Meditația. Am aflat ieri, spre rușinea mea, direct de la un călugăr, că meditația nu e eliberarea minții, ci antrenarea ei. Nu meditezi ca să nu te gândești la nimic, ci ca să te gândești, concentrezi, dezvolți. Altfel e timp pierdut.

2. Mișcarea. Este deosebit de important să avem parte de activitate fizică, să facem zilnic mișcare, cam orice putem. Beneficiile sunt uriașe pentru corp și minte. Din păcate, mulți nu conștientizează asta și stau legume la birou, pe canapea, pe fotoliu. Am văzut cum majoritatea oamenilor din Bhutan fac mișcare, merg pe munți, au zilnic activitate

fizică.

3. Alimentația. Pe lângă alegerea unor alimente de calitate, fără exagerare la nicio clasă, ar fi de încercat intermitent fasting. M-am abținut să scriu până acum, pentru că sunt medic și știu cum vin criticile (ce, ne recomandați să nu mai mâncăm, ce prostie e asta?), dar studiile arată beneficii multiple. A se studia fenomenul.

4. Socializarea. Prieteni vechi, prieteni noi, cunoștințe, colegi, este crucial să stăm lângă alți oameni, să schimbăm idei cu ei, să ne stimulăm reciproc, să râdem, să ne debarasăm de gânduri, să purtăm discuții frumoase, elevate, mobilizatoare sau doar „small talk", care de multe ori are rolurile sale utile.

5. Iubirea. Da, pare clișeu, dar suntem făcuți să iubim și să fim iubiți. E un conglomerat fantastic de sentimente.

6. Renunțarea. Vrem prea multe lucruri, nu ne săturăm cu nimic, stăm în cercuri vicioase mercantile. Ar trebui să învățăm să trăim simplu, să călătorim mult, să investim mai mult în interioarele

noastre, să citim, să descoperim lucruri noi, fără să fugim după lucruri materiale care nu ne împlinesc în esență deloc.

7. Recunoștința. Când o ai în tine și trăiești simplu cu ea, bucurându-te de fiecare zi, fiecare moment devine o binecuvântare. Trăim vieți incredibile, putem face lucruri nemaipomenite, putem descoperi oameni și locuri de vis.

8. Grija. Prețuirea corpului și minții înseamnă și evitarea fumatului, a alcoolului în exces, echilibrul la capitolul somn, apelarea la medic pentru consulturi de rutină și discuții lămuritoare, vaccinarea, luarea unui tratament acolo unde e cazul, apelarea la un psihoterapeut, acceptarea unor probleme și căutarea activă de soluții.

9. Construcția. Aici mă refer la muncă, la rost, la lucrurile lăsate în urmă. Să muncești mereu cu bucurie, să ajungi într-o stare de oboseală, dar una dulce, în care simți că ai făcut ceva bun, ai mai construit ceva frumos, în fiecare zi.

Iar am făcut liste. Ce-am făcut mereu. Pe unele le-am aruncat, pe altele le-am ignorat, pe cele mai multe nici nu știu de ce le-am așezat. Măcar aceasta a venit într-un moment în care eram împăcat cu mine și mă străduiam, iar, să înțeleg fericirea.

În ultima seară în Bhutan l-am întrebat pe Kinga ce înseamnă fericirea pentru el. La finalul celor opt zile petrecute acolo, i-am pus întrebarea și recunosc că așteptam un răspuns complex. Kinga m-a privit și mi-a zis: *fericirea, după mine, înseamnă să dăruiești. Să oferi celorlalți ce poți, lucruri, cunoaștere, iubire, prezență.* L-am întrebat apoi dacă trebuie să și aștepți ceva înapoi. Mi-a spus: *Nu, dar stai liniștit, ți se vor întoarce toate, unele pe loc, altele mai târziu.*

50

rupere

Am părăsit tărâmul fericirii și aveam să pășim pe opusul lui. Cum ne doream amândoi să vizităm Omanul, am prelungit călătoria, pentru că oricum viza pentru DRC întârzia, era nevoie de mai multe aprobări de la divizia UNHCR până la debutul mandatului Claudiei în Kinshasa. Omanul este un sultanat din Orientul Mijlociu, departe de orice conflict tipic de acolo. Țara investește enorm în educație și cultură, nu dispune de bogăția în petrol a altor state aflate mai la nord, dar are suficient cât să o ducă bine și să-și continue o linie solidă de dezvoltare. Am trecut prin orășele de piatră, oaze, văi cu ochiuri de apă turcoaz, plaje de vis. Aproape de Sur ne-am cazat într-un cort mare al unui resort special de unde puteau fi observate broaște țestoase. Seara nu am avut niciun noroc, ploua puternic și nu se putea ieși pe nisip, așa că ghidul a amânat expediția pentru a doua zi, la ora patru dimineața. Ne-am strâns în recepția hotelului, cu câțiva britanici, nemți și francezi, dar iar nu am avut noroc, un alt ghid fusese deja pe plajă și nu găsise nicio broască. Nu avea niciun sens să mai ieşim, iar oamenii s-au întors la camere sau corturi. Clo nu e făcută să renunțe uşor la ceva, mai ales când e atât de aproape, aşa că m-a luat de braț și am ieșit din hotel, spre plajă, înaintând greu pe un drum. Nisipul mi se lipea de încălțăminte, abia mai puteam merge, mă afundam tot mai rău, îmi venea să țip la ea, i-am spus că trebuie să ne întoarcem, chiar nu se putea atunci, să nu exagerăm, era și beznă, nu vedeam nimic nici cu lanternele telefoanelor. Claudia nu a cedat. Un ghid tânăr a venit cu un jeep și ne-a luat pe bancheta din spate, plimbându-ne pe dunele de nisip, până pe plajă. În lumina farurilor am văzut o țestoasă imensă cum înainta cu greu, împingând din aripioare, îndreptându-se spre apă. Două vulpi căutau ouă, săpând repede cu picioarele din față în anumite locuri pe care le miroseau atent. Erau coji de ouă, dar nu mai zăream nicio țestoasă, bătând bucata de plajă în lung, de la un grup de stânci la altul. Briza, norii, valurile, sunetul mării, portocaliul cerului, le simțeam pe toate, fiind conectat la natura care se desfășura în legile ei simple. Mi-am golit capul de orice exces și o priveam pe Claudia în depărtare, iar soarele apărea și el din mare, cu discul roșu ca haina unui călugăr bhutanez. Clo s-a apropiat de mine, am întrebat-o dacă mergem spre cort, dar mi-a făcut semn să mă întorc. Se mişca ceva lângă noi. Nu mai era nimeni pe aproape, iar din nisip începuseră să iasă zeci de pui de țestoasă. Aveau cumva întipărit în instinct să meargă repede spre apă, știau exact direcția, iar dansul lor a atras pescărușii care s-au năpustit în atacuri. Ne era milă de scenă, așa că am intervenit, chiar dacă am perturbat niște mecanisme absolut banale, care se petrec în orice clipă. Broasca tocmai de asta face sute de ouă, să supraviețuiască doar câteva, pentru că sunt vulpi, pecăruși, câini pe plaje. Cu noi acolo, șansele le-au crescut vertiginos, gonind păsările și îndemnând micuții să ajungă în apă. Era o scenă ireală, iar ea a devenit poveste strânsă în tolba de amintiri grație tot Claudiei. Mi-am primit o nouă lecție.

Apoi ne-am certat dur și n-am mai găsit, două zile, nicio cale de a ajunge la un numitor comun. Orice făceam sau spuneam era în van. N-am dormit o noapte-ntreagă, schimbând replici într-o hotel aflat lângă un canion, unde stătuse și Prințesa Diana, cu o priveliște superbă. Am înțeles cu greu unde greșisem, cum o abandonasem iar, căzând nu într-un canion, ci în cea mai mare deschizătură, care nu era în jur, ci chiar în mine.

Mi-au revenit apăsările, frustrările, orgoliile, le-am făcut bulgări tari de zăpadă și i-am aruncat asupra ei, nu în joacă, altfel erau moi și mici, ci parcă voit, arhitecturizat, înadins cu scopul de a-i face rău. Dacă până atunci avea o atitudine refractară, susţinând că poate oricum să trăiască fără mine, că e fericită, în acea seară am văzut-o cum se rupe și n-am mai putut s-o construiesc la loc. Nici măcar nu mi-am dat silința, nu am ridicat niciun deget, am lăsat-o în suferință, lovind-o cu noi bulgări tari, apoi spunându-i că o las acolo și voi pleca, să facă orice, să fie fericită oriunde. Și-am înțeles cu greu unde greșisem, animat de energiile răului pe care nu-l voiam oprit, ci derulat, înflorit.

S-a adunat doar la suprafață, ne-am continuat călătoria și părea că reintrăm în armonie, trecând prin văi și oaze, întâlnind oameni cu poveștile lor, copii scăldându-se în izvoare calde, lucruri simple care contează atât de mult, dacă mai știi să le vezi și să le apreciezi.

Îmi aduc aminte de Mahommed. În vârstă de 38 de ani, avea deja șapte copii. A trăit toată viața în Wadi Tiwi. Ne-am întâlnit din nimic, noi voind să ajungem în valea magică (wadi înseamnă vale) cu o mașină 4x4 pe care o consideram suficient de puternică. El ne-a spus să lăsăm mașina într-o parcare și să urcăm în camioneta lui, drumul e greoi, îngust, înclinat, alunecos. Am mers vreo zece kilometri și-am ajuns într-un loc de vis, înconjurat de munți uriași. Locul era plin de vegetație, cu o cascadă, ochiuri de apă verde-albastră. Am urcat și coborât trepte, am dat cu capul în banane, ne-au survolat fluturi minunați, am pășit pe lângă un sistem de irigație făcut fără să irite natura, iar Mahommed ne-a povestit cum de acolo culege banane, mango, lămâi, curmale.

Ne-a dus apoi la casa lui. Am luat loc pe un covor, lângă poarta pe care erau vopsite inimi, uitându-ne la oaza dintre munții portocalii. A venit cu cafea, apă, curmale. Pe poarta cu inimi au ieșit și două fetițe de o frumusețe răpitoare, cu ochi mari și negri. Cum știam un pic de arabă, pe drumul de întoarcere, când Mahommed a oprit să discute ceva cu un prieten localnic, am înțeles că voia să cumpere un măgăruș și erau în negocieri și așteptări, că nu prea avea bani.

I-am strâns mâna la final, mulțumindu-i pentru poveste. Oman este o țară fabuloasă, oamenii la fel, trăiesc aici cu inima deschisă. Cât despre Mahommed, ne-am ocupat să aibă dorința împlinită, că o merita. Pe măgăruș îl poate numi lejer Vasi, promit să nu mă supăr. Un Vasi care și-a regăsit, măcar pentru scurt timp, drumul către sinele lui dezvelit de toate straturile cumplite.

Am plecat spre Muscat, am stat câteva zile acolo, apoi eu am revenit în România.

51

scrisoare

M-am trezit devreme tare și, cu poftă de muncă, m-am aruncat pe drum, spre birou. Nici nu răsărise soarele. Cerul era albastru închis, cu o dungă firavă, portocalie, trasată de un pictor plictisit. Am ajuns și mi-am făcut o cafea mare în care am turnat lapte de ovăz - de fiecare dată când îl folosesc mă gândesc la oat milk și la tine, că ție îți plăcea - apoi m-am lipit de fereastră, așteptând să se schimbe cerul, să iasă lumina, să se lărgească dunga aia anemică. Mi-am amintit cum m-am trezit la cinci dimineața la Amman, la Rotana, privind cum a ieșit soarele; era o liniște de puteai să-ți faci din ea pansamente pentru orice răni interioare. Am simțit atunci o fericire aparte, pentru că admiram o scenă aparent banală, dar uimitoare. Din clipă în clipă, trăgeam cu coada ochiului și te priveam dormind. Cred că nu suntem făcuți bine noi, oamenii. Cred că era mai potrivit să ne uităm cu un ochi la ceva și cu celălalt la altceva, în același timp, așa fiind mai mulțumiți de viață. Soarele a ieșit cu totul, trimițând raze pe patul alb, pe tine, pe noi. Mă bucurasem că am prelungit şederea, că urma să nu călătoreşti singură cu maşina, că vom mai sta puţin amândoi în Ierusalim.

M-am gândit de dimineaţă, aşteptând lumina naturală, la începuturile noastre, la cum ai venit la mine, la cât îmi doream asta, dar şi la cât eram de speriat. După seara aceea împreună aveam sentimente amestecate. Simțeam că poate ieşi ceva frumos, dar în acelaşi timp îmi era teamă să nu avansez și apoi să te plictisești, să mă arunci. Pe undeva, credeam că ne-am încurcat mai mult.

Timpul a zburat ca un vânt ce nu știe ce-nseamnă unul, o sută, o mie sau cinci mii de kilometri. Am avut momente minunate, clipe mai grele, lupte, armonie, bucurie, tristețe, dar una peste alta, senzația mea inițială s-a risipit: nu simt că ne-am încurcat unul cu altul, ci că ne-am descurcat. Am putut, dincolo de orice neajuns, să găsim un fir pe care să-l ținem mereu între noi, oricât de departe eram unul de altul. Stând la geam, cu cerul transformându-se, cu cana de cafea lângă mine, m-am proiectat înfăşurând firul, din ce în ce mai repede, topind toată distanța dintre noi. Apoi ți-am văzut chipul, ochii, zâmbetul, gesturile. Ți-am simțit mirosul. Ți-am auzit inima. Te-am luat în brațe. Te-am sărutat. Și am fost cel mai fericit. Abia aștept să fac asta fără să-mi mai imaginez, să vin la tine iar, să stăm locului o perioadă, să discutăm cu inimile deschise, să ne spunem povești, să asanăm orice neajuns sau rău dintre noi.

V.

52

10.000%

M-am întors în România să mă ocup de editură și de niște proiecte, iar Claudia s-a dus în Paris. Îi promisesem că nu stau mult, o zi sau două, apoi vin și eu, pentru că-n scurt timp avea de trecut printr-o operație. Puteam să încercăm oricând să facem un copil, numai că ea avea o malformație uterină și operația era imperios necesară, altfel riscurile erau mari. Am pregătit totul, am rezolvat ce puteam la mine și m-am aruncat iar pe drumuri, pe zboruri, pe distanțe mari parcurse într-un timp atât de scurt. Primele zile la Paris ne-au fost plate, cu discuții scurte, cu senzația că ținem în noi lucruri nespuse, dar pe care nici nu aveam curajul să le mai eliberăm. Sau poate trăseserăm frânele tocmai ca să ne protejăm, în speranța că vom vorbi după operație, să nu ne certăm iar, că nu avea niciun rost să suporte un stress în plus. În salon m-a rugat să-i scriu o scrisoare în care să-i spun ce simt, apoi infirmierul a luat-o cu patul spre compartimentul preoperator și apoi spre sală. Rămas singur pe un scaun, cu o măsuță aproape, sub geamul plin de picuri de ploaie, m-au răvăşit toate greşelile din trecut şi i-am scris cu dificultate câteva rânduri. Am pus paşi prin salon, m-am foit, am revenit pe scaun, timpul aluneca pe geam în picături de apă. Claudia m-a sunat după operaţie şi mi-a zis că mă iubeşte. I-am spus acelaşi lucru, dar ştiam că am pierdut-o. Acea ruptură din Oman nu mai putea fi reparată cu nimic. Eram un om mizerabil, un orgolios care plămădea liste, dădea sfaturi, construia scenarii utopice, departe de acel Vasi realmente bun. N-ar fi meritat nimeni să stea lângă mine. Ar fi fost un sacrilegiu.

Înapoi spre ţară, să mă reapuc de lucrurile mele, aceleaşi cercuri vicioase din care nu puteam sau nu voiam să ies, lamentându-mă. Claudia a rămas puţin în Paris, a primit undă verde pentru DRC şi a plecat spre Africa, stând o perioadă la o prietenă, până găsea un apartament. Discutasem să merg şi eu, iar în scurt timp apartamentul fusese găsit, chiar lângă fluviu, cu un balcon mare pe care puteam sta la cafele şi poveşti. Se gândea cum să facă să mă acomodez mai bine, cumpărase de una singură mobilă, un pat king size, îmi găsise un colţ în care puteam filma conţinut de educaţie medicală pentru paginile mele, alesese un cartier sigur în care puteam să ieşim în voie. În apele mele, i-am scris tot mai puţin, picând iar în extremă, străduindu-mă să fac rost de bani pentru a acoperi împrumuturi de care ea nici nu ştia, nu mai aveam nici măcar pentru viză sau avion, aşadar ieşea din schemă orice deplasare apropiată. M-am prăbuşit în anxietate şi depresie. Nu mai recunoşteam simptomele care veneau în valuri, iar când nu le recunoşti, başca fiind şi medic, ştii sigur că e depresie. M-a rugat să vin la ea, să stăm pentru început măcar o lună, să discutăm deschis, să abordăm acele lucruri pe care le ţinusem mocnind în noi. I-am zis, într-un act de sinceritate, că nu mai am niciun ban, că dorm pe unde apuc, sunt decăzut, nu aş putea să suport călătoria, viza sau cheltuielile inerente din Kinshasa. Mi-a răspuns că apreciază sinceritatea mea şi chiar se bucură că i-am povestit atât de deschis, că vom găsi o cale. Într-o zi, când eram în cel mai mare hău, când trecutul mă rodea, prezentul mă prindea în ghearele lui iar viitorul era prea departe, Claudia mi-a zis că avem multe probleme şi trebuie să le rezolvăm cumva. Citindu-i mesajul, o presiune s-a aşezat peste tot corpul meu şi i-am spus că nu mai suport nimic, s-a terminat totul între noi, nu vreau să mai aud de probleme, soluţii, nimic.

O săptămână a fost liniște deplină și, dezamăgit că nu a dat niciun semn, i-am trimis un email. Mi-a răspuns greoi, spunându-mi că a obosit și ea cu toate luptele, că înțeleg lucrurile doar prin cele mai dure lecții, iar de data asta chiar s-a terminat, așa cum voisem eu. Am fiert iar, i-am trimis mesaje dure. Liniște. Peste alte zece zile, am întrebat-o dacă e 100% sigură cu alegerea ei, că eu simțeam că lucrurile au rămas neterminate între noi și e mare păcat să le lăsăm așa, suspendate în timp. Mi-a răspuns că e 10.000% sigură, iar cifrele au tăiat adânc în mine. Am rugat-o să ne auzim puțin vocile, a acceptat, a început cu același *hei* cristalin pe care-l iubeam, dar după el a urmat pledoaria unei persoane străine, care nu mai avea nicio legătură cu mine. Au fost opt minute din care am înțeles că nu mai există nicio rezolvare. În timp i-am mai trimis câteva mesaje și emailuri, dar n-am mai primit niciun răspuns.

M-a lovit o realitate cu care mă jucasem, o învârtisem pe degete, o aruncasem pe jos, crezând că nu va păți nimic. M-am trezit cumplit de singur și trist, rupt, străin de mine, hrănindu-mă preponderent dintr-un trecut în care și acolo tot străin păream.

53

praf

În februarie s-a terminat totul, planurile, recomandările pe care ni le făceam, mesajele frumoase, cuvintele care trădau dorul, te iubesc-urile. Când se termină brusc te iubesc-urile, închizi pleoapele și te refugiezi în amintiri. Speri să te vindeci repede, știi că ești puternic, dar nimic nu te pregătește pentru asta. Când am plecat în acea seară din Tel Aviv, am avut o escală de câteva ore în Istanbul și, plimbându-mă aievea pe culoarele aeroportului uriaș, orice femeie cu părul blond era ea. Îmi venea să mă duc să o răsucesc, să o iau în brațe, să o sărut. Plecasem pentru că mi se trântise o ușă-n nas, fusesem dat afară dintr-o casă care nu mai părea a mea, printr-o acțiune dezinvoltă, fără pic de sentiment în aparență. *Unde ai de gând să dormi la noapte, acum că s-a terminat totul între noi?* Acea frază a tăiat ca un satâr, categoric, fără loc de altceva, așa că am plecat, sfâșiat în bucăți. M-am ridicat peste dunga portocalie a cerului și m-am întors în lumea mea, subit mai goală. Peste Istanbul am văzut apa, malurile, podurile, mai ales pe cel mare, roşu, care mă duce cu gândul mereu la Golden Gate. Vorbiserăm să vizităm cândva oraşul Turciei, dar asta a fost, poate altădată, poate cu altcineva, când trecutul va mai fi doar un praf depus pe străzile creierului.

În martie, la început, după multe zile de linişte, am avut impulsul să-i scriu în fiecare zi. Adormeam cu ea în gând și mă trezeam la fel. Îmi venea să pun mâna pe telefon și să scriu fără oprire, să aștern compulsiv orice idee, sentiment, suferință, bucurie, dor, cerință de iertare. Dar m-am abținut. Implorasem deja o nouă șansă și răspunsul fusese străin, rece, intransigent. După un timp am mai trimis câteva email-uri, dar nu a venit nimic înapoi. Am înțeles, încetul cu încetul, că totul se terminase, cei șapte ani dinainte, cele nouă luni, călătoriile, gesturile, atingerile, mesajele, apelurile. Natural era să urmeze calmul, dar au început să mă doară toate din ce în ce mai tare. Încă sunt racordat cu punțile mele la ea, încă o iubesc, chiar dacă nu știu, sub nicio formă, dacă s-a mai gândit la mine măcar vreo secundă. Neuronii m-au trimis iar la Marile Speranțe și acele amăgiri, depărtări, suferințe. Când întorc capul peste umăr, sunt consolat cu ideea că am avut o poveste cu ea, ceea ce părea incredibil.

Cred că nu m-am obişnuit niciodată cu asta cu adevărat, dar amintirile sunt acolo, construite, apelabile la nevoie şi nu numai.

54

rețetă

M-am gândit și să dau o fugă în Kinshasa când se calmează lucrurile cu pandemia. În fond am vaccinul pentru febră galbenă făcut la Pasteur în Paris, știu că viza se obține imediat, zborurile își vor reveni. Dar cum să mă afișez acolo, la clădirea ONU, rugând paznicul să mă conducă la ea? Cum congolezii sunt morți după cei de pe alte continente, albi, iar eu mai aranjez cât de cât o franceză aproximativă, să zicem că l-aș convinge că o cunosc pe Claudia și trebuie să-i comunic ceva. Dar la ce bun să mă duc iar aproape de cineva care nu m-a mai vrut, a barat orice intenție a mea de împăcare? E pueril, chiar dacă pare romantic. Ea nu e așa, are altă construcție. Viața ei nu depinde de nimeni și nu are timp de tristeți, de luptele interioare ale altuia, de complicații inutile. Și n-am cum să o judec nici pentru asta, cum n-am dreptul să judec pe nimeni. Voi lăsa lucrurile așa. Mă tem să nu intru, în viitor, pe același tipar, să repet aceleași comportamente, greșeli. Asta ar fi prea mult, prea trist. Poate am nevoie iar de o revizie, de o perioadă de singurătate, sau poate de o Ană, să o țin în mine, să nu mă mai dărâm. Ana mea m-a învățat să citesc în cafea, să fiu calm, să mă apropii de pian. La cafea glumea, cum făceam și eu cu televizorul, dar poate nu era nicio glumă, poate ideile spuse se transformau în realitate. Cred că ar fi bine să găsesc o modalitate de a-mi aminti de Ana în fiecare zi. Să răsucesc cana de cafea pe o hârtie albă, lăsând-o câteva minute, apoi ghicind în ea. Să cânt la pian la fiecare apus de soare. Să fiu calm. Să-i transmit o valoare INR, neapărat între 2 și 3, la fiecare trei săptămâni. Să mă uit la cărțile cu coperte turcoaz, 144 și 145, Biblioteca pentru toți, Faust, pe care cred că am să le păstrez, sper să nu se supere Lida. Cu diavolul n-am de gând să fac vreun pact. Am trăit deja în cele mai negre hăuri, în care nici el n-ar intra. Pact aș vrea să fac cu lumina, speranța, dăruirea, fericirea, iubirea, libertatea, cărora să le găsesc doar amestecul potrivit, rețeta. O rețetă atipică, pentru că scot ceva din mine.

55

gânduri

Gândurile scrise în salonul de spital din Paris.

Îmi pare rău când nu mai reușim să comunicăm și mă afund adânc într-o liniște din care nu mai reușesc să scot niciun cuvânt, de parcă ele au ghimpi și mi se opresc înainte de corzile vocale.

Îmi pare rău când tind să mă retrag și să mă izolez.

Îmi pare rău când ignor iubirea și nu mai știu să te apreciez pentru toate lucrurile bune din tine.

Promit, atunci când mai am stări anapoda, să-mi dau câteva palme (te invit și pe tine să o faci, dar să-mi dai tot mie, nu ție) și să încerc să mă trezesc.

N-am crezut că vei investi ceva serios în mine. Că mă vei iubi. Că-ți va păsa cu adevărat. În ultima perioadă, dincolo de clipele dificile, mi-ai arătat cât m-am înșelat. Poate a fost un *wake up call* de care aveam nevoie.

Te iubesc. Ar fi mare păcat să ne scufundăm în orgolii și să părăsim punțile frumoase dintre noi.

Voi sta lângă tine.
Oricât e nevoie.
Oricât e plăcere.
Oricât e și suferință.
Oricât e loc și de schimbări.
Oricât e timp.

V.

56

scrisoarea

M-ai rugat să-ți compun o scrisoare. Am rămas singur în salon, am tras scaunul aproape de măsuță și realizez cu greu că patul nu mai e aici, că tu nu mai ești, că urmează să dormi un pic și niște medici o să te pregătească să poți face un copil. Am emoții, îmi simt inima ciudat, dar pe undeva știu că totul va fi bine. Mă vei suna și vei zice *hei, gata, abia aștept să te văd, te iubesc*. Iar eu îți voi spune că mă bucur, că te iubesc și eu. Iar apoi, în momentele de liniște, voi sta singur și voi regreta amarnic unele lucruri din trecut. Am lăsat telefonul. Pauză. M-am plimbat puțin în picioare. Stă să plouă afară. Sunt tulburat. Am imaginea ta de la cina specială din Oman, pe pontonul acela, după certurile noastre, când erai atât de afectată și nu-ți mai reveneai cu nimic. Nu înțelegeam, tu, care erai mereu puternică, un pic stoică, de parcă niciodată nu aveai nimic de pierdut, iar eu eram singurul pierzător, tu parcă erai ruptă pe dinăuntru. Nu te văzusem niciodată așa. Am știut atunci că va fi aproape imposibil să te repar. M-ai pus să-ți scriu o scrisoare, te aștept, am emoții. M-ai sunat și mi-ai spus „te iubesc". Acum am emoții doar pentru că vei veni. Mă aștept să vii reparată și cu uterul, dar și cu rupturile mai vechi. Oare o fi posibil? Sau nu se procedează așa? Pauză. Se aude ceva pe hol, dar știu că nu ești tu. Nici nu e nevoie să mă uit. Când revii tu, pur și simplu știu. Simt. Mi-ar plăcea să fie totul bine între noi și, of, să nu ne mai supărăm niciodată. Să nu te mai văd așa cum te-am văzut la acea cină afară. Gata, știu că vii. Voi continua scrisoarea...

57

inevitabil

Îți dai seama cât de mult iubești pe cineva atunci când nu-l mai ai. În timp ce-l aveai te-ai lăsat condus de scenarii, orgolii, nepăsare, ai căzut în visuri, cu posibilități mai bune și ai uitat cum să-ți cultivi puntea, s-o ții curată, să presari pe ea recunoștință, prețuire, grijă, mângâiere, poveste, calm, cuvinte calde, uimire. Ajungi cu un om să fii atât de aproape fizic și totuși atât de departe metafizic. Ești prezent acolo, bifezi o căsuță, check, dar tu ești în altă parte. Te gândești la un milion de lucruri, te lași pradă unui disconfort autogenerat, te astupi cu straturi care te îndepărtează de adevăratul tu. Când te dezmeticești, observi că persoana nici nu mai e lângă tine. Dacă ai iubit-o vei suferi cumplit și vei lua în plin pierderea, în toate celulele tale. Singur, vei avea tot timpul pentru retrospecții, introspecții. Te vei frământa cumplit. Te vei întreba unde ai greșit. Îți vei face procese ample de conștiință. Timpul zboară ca un vânt peste pașii pe care i-ați pus împreună prin lumea largă, ștergându-i. Timpul zboară și prin corp, dar acolo nu șterge cu adevărat nimic. Totul rămâne și, peste luni, ani, decenii, iese într-un fel sau altul. Dar o luăm de la capăt, poate un pic mai înțelepți, poate capabili să prețuim mai mult ce avem. Nimic nu e pierdere. Așa trebuia să se întâmple. Ca o lecție.

Curios lucru. Ne dorim cu ardoare ceva, ne imaginăm cum îl obținem și devenim subit cei mai fericiți. Când îl dobândim, după mari strădanii, aproape nu ne mai bucurăm deloc, că am pus prea mult suflet. Sau poate ajungem la acel clișeu că fericirea nu e destinația, ci drumul. În fine.

În viață e bine să avem grijă de oameni, iar pe cei pe care-i iubim cu adevărat să-i ținem aproape cu cele mai frumoase punți. Că altfel pleacă și nu-și mai întorc capul niciodată. Punțile rămân pentru totdeauna, se prăfuiesc, mai tremură uneori și dau emoții, uneori aproape din nimic. Vedem o imagine anume, auzim un sunet particular, mirosim un parfum și, brusc, ne poate veni în minte persoana corelată cu ele, apoi tot cortegiul de amintiri dă năvală și ne scutură zdravăn.

Mergem mai departe. Inevitabil vom mai iubi. Inevitabil vom mai trăi. Inevitabil vom mai greși. Ideal un pic mai mult la iubire și trăire, ceva mai puțin la greșeală.

58

dor

Mă dor oamenii. Simt acut toate legăturile cu ei, îmi frământă fiecare celulă din corp și mă taie, visceral, fiecare punte legată de ei. Mă dor oamenii alături de care am trăit, i-am îngrijit, am construit povești. Cel mai mult mă dor iubirile, toate aparent eșuate, care îmi răscolesc amintirile. Țin minte totul, am scene vii care îmi vin în primplan și parcă retrăiesc momentul. Știind exact unde am greșit, aş vrea să intervin, să îndrept lucrurile, să le scot din viața mea nouă, mult mai experimentată; în rechemare sunt un simplu spectator, mă bucur și mă tulbur în același timp. Mă dor locurile pe care le-am bătut cu piciorul și știu că-n unele voi reveni, poate cu alte persoane, când negreșit le voi vedea mereu altfel, într-un amestec de prezent și trecut. Îmi voi spune „uite, aici am mai fost cândva cu Irina, Adina, Oana, Angi sau Claudia, aici am băut o cafea, aici ne-am strâns în brațe după o mică ceartă, aici am făcut dragoste, aici retrospectiva zilei, aici planuri pentru un viitor împreună". Toate cad în negura trecutului și, chiar dacă îi spunem așa, el nu trece cu adevărat niciodată. Nu știu dacă e o groapă comună sau o bibliotecă aranjată. Pentru mulți, trecutul e un calvar și fug de el ca de naiba. Pentru alții, trecutul depășește prezentul, fiind un dulce refugiu. Ne ținem acolo călătoriile, iubirile, poveștile, oamenii. În esență nu pierdem nimic, lucrurile doar se amestecă, vin straturi noi peste ele, mai uităm, mai disimulăm. Amintirile se întorc într-un fel sau altul.

Mă dor toate-n mine când mi-e dor de tine, dor de mine, dor de noi. Încerc să țin sufletul drept într-un corp aproape epuizat. Sunt o ființă a trecutului, oricât aș ști să apreciez prezentul, cu toate ramificațiile lui minunate. M-am crezut mereu puternic, am zis că mă pot detașa de orice, chiar și de o poveste de iubire, dar mă recunosc învins și depășit. Timpul va trece, în stilul său stoic, nedând doi bani pe emoțiile umane. Totul e nou și-n același fel vechi. Vom repeta greșeli, vom disimula, vom construi și lucruri frumoase, vom lenevi, vom mai iubi, ne vom trage măștile pe față sau de pe față, vom face pași printr-o lume tot mai mică, în care noi devenim tot mai mari. E bine să devii mare la finalul vieții, în ultimul punct al ei, când îți iei tălpășița. Dacă devii mare precoce, strici ordinea și riști să fii expulzat. Dacă devii mare printr-o umflare de ego, ia-ți adio și de la iubire, căci ea și egoul nu vor face pereche niciodată. Împăcările savuroase și cele mai frumoase clipe le-am avut când mi-am băgat o unghie în supapa egoului, simțind aerul lui tare cum ieșea, până s-a dezumflat de tot, și am trăit bine-mersi și așa, chiar mult mai bine. Iubirea și egoul sunt antagonice. Dacă vrei să trăiești frumos, anulează-ți orice importanță, orice pornire egoistă și rece. Mergi simplu, salută pe toată lumea, stai într-o sferă caldă, lasă în stânga și-n dreapta din magia ta interioară. Fii om bun, trăiește ca-ntr-o poveste în care iubirea își face mereu culcuș și se așază încovrigată ca o mâță grăsună, torcând. Țin minte că-n copilărie, atunci când mă simțeam rău, una dintre pisici venea și se punea pe mine, pe piept, burtă, picior, gât. Parcă avea o antenă cu care scana fragilitatea emoțiilor, suferința, durerea. Se punea acolo și era terapeutică. Așa e și iubirea.

59

linii

Există un moment în care iubirea prinde doi oameni în stări nepotrivite și-i lasă în pace, promițându-le că va reveni la ei. Ei n-o aud, n-o văd, n-o percep în niciun fel. Ea își ține mereu promisiunea și cunoaște exact când să se întoarcă; atunci timpul e bun pentru ambii și se leagă o poveste. Exact ca-n ilustrația desenată mai jos, semnată de Recat.

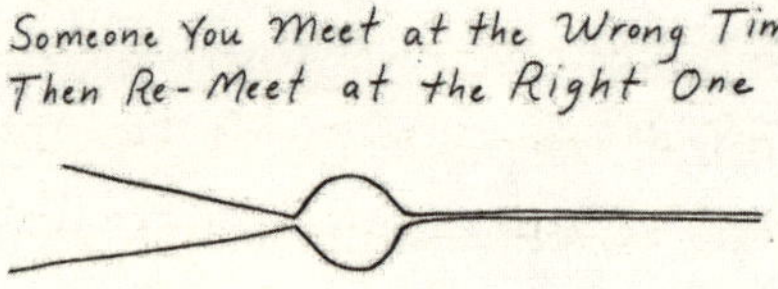

Speram că va fi exact așa, la un moment dat eram chiar sigur. Acum îmi aduc aminte de jocul de război cu Buni, când am pierdut imediat toate cărțile. Nu poți fi sigur de nimic în viață. Te bucuri de clipă, restul e pură incertitudine.

60

apus

M-am așezat pe scăunelul alb, reglabil. L-am împins cam la o jumătate de metru de pian, să ajung cum trebuie cu piciorul drept la pedala de *sustain*. În fața mea, dincolo de fereastră, se derula apusul, cu dunga lui portocalie lăsată ușor pe orizont de un soare neobosit. M-am gândit la aceeași dungă dintre cer și mare, din Tel Aviv, când fugisem, pentru că fusese singura mea cale de a face lucrurile. Am apăsat prima clapă dintr-o piesă pe care am compus-o cu vrei doi ani în urmă, când stăteam în studioul cu trei colțuri de relaxare și-o magnolie uriașă dincolo de balcon. Nu i-am dat piesei niciun nume, dar acum, dacă stau bine și-mi storc neuronii, i s-ar potrivi „Apus". Simplu, doar apus. Nu portocaliu, că e redundant. Apus, pentru că m-a năpădit nostalgia. Apus, pentru că am pierdut iubirea. Apus, pentru că am pierdut și multe alte lucruri. Apăs clapele și-mi imaginez cum cântasem în urmă cu un an, într-o seară care nu anunța nimic, după o conversație pe balcon, lângă o vază mare plină cu bujori. O văd, la peste cinci mii de kilometri depărtare, într-o altă lume, aproape de fluviul Congo, în apartamentul ei în care ar fi trebuit să ajung și eu. Oare îi e dor de mine? Oare îi mai apar în vreun gând, măcar o dată pe zi? Sau, să zicem, pe săptămână? Sau, să dau mult înapoi, măcar o dată de când n-am mai schimbat absolut niciun cuvânt, după o siguranță 10.000%?

Am învățat singur să cânt la pian după ce o auzisem pe Ana. Mi-am trecut asta pe listă și, anapoda, am învățat, chit că nu produc vreo magie cu degetele. Când ne-am văzut în acea seară, pus la pian, cântând ce acum se numește Apus, am prins curajul și i-am zis că am iubit-o de mulți ani și îmi doream nespus să ajungem unul lângă altul. Am luat degetele de pe clapele albe și negre, iar în ultimele ecouri date de pedala sustain, m-am dus aproape de ea și am sărutat-o. Apusul fusese atunci un început, dar, pe legea viețuirii mele, știam că e doar o suflare de timp până ce se va întoarce la sensul său fundamental, de stingere.

Am pus capacul peste clape și-am mai privit o dată dunga portocalie. În oameni stau lucruri neterminate care rod, rod, rod. Rod atât de tare încât ne fac să citim cuvântul și invers: dor, dor, dor.

61

vulnerabil

Nu sunt atât de grozav. Greșesc în fiecare zi. În iubire am greșit mereu. Nu am fost acceptat la Harvard, după ce Claudia mă împinsese să aplic, să aloc timp pentru eseuri, spunându-mi că-mi va prinde totul atât de bine. Am scris toate eseurile, vreo nouă la număr, în câteva ore. Aveam un CV puternic, dar șansa de a prinde bursă era aproape zero, iar un master acolo înseamnă 100.000 de dolari, fără cheltuielile personale sau de chirie. Eu eram falit, la început de decembrie trăiam din împrumuturi, iar în bucla asta m-am îndepărtat de orice entuziasm cu un master în SUA, cu o respingere de om slab.

Mi-am arătat vulnerabilitățile, am vorbit deschis despre depresii, am depășit unele carențe în comunicare, dar încă dețin prea multe. Am evoluat însă, deprinzând câte ceva bun din fiecare întâmplare, ajungând să depășesc rapid aversiunea și să mă așez cuminte pe amintirile pozitive. La ce bun să ne consumăm timpul prețios cu celelalte?

Nu-mi va fi dat niciodată să mă întorc și să pot repara ceva. Doar și făcând un exercițiu pur mental, doare ca naiba. Din iubirea care ne-a prins în momente nepotrivite, apoi s-a încăpățânat să revină, înconjurându-ne în stări propice, alipind liniile noastre, înțeleg acum că nu va mai avea puterea sau interesul să se întoarcă vreodată. N-am nevoie de glob de cristal pentru asta, de ghicitul în cafea al Anei sau de televizorul vechi, alb-negru, care oricum ar fi ca nuca-n perete, că el știa să scoată doar știri pozitive. Știri pozitive. Trag obloanele vii peste globii oculari și fac o regresie temporală, așa cum am mai săvârșit cu nemiluita în viața mea; chiar dacă mă străduiesc să trăiesc în prezent, sunt o ființă a trecutului și scorbolesc adeseori pe acolo. Sunt în studioul dintre spital și Kiseleff, când într-o dimineață, cea care făcea curat într-una din scări i-a zis partenerului său „ce te-ai face tu fără mine?", iar el i-a răspuns sincer „nu știu, nici nu m-am gândit la asta". Poate că fiecare s-ar descurca, așa ne împinge viața, vrând-nevrând, dar uneori nici nu luăm în calcul această variantă. Trag și mai tare de timp: sunt în balconul vechi, cu cadru metalic ruginit, cu geamuri ciobite prin care mai trece vântul. Stau la masa pătrată care a intrat perfect acolo, așa cum ne intră și oamenii pe care trebuie să-i întâlnim, în inimă. Nu scriu nimic pe nicio foaie. Am o cană cu cafea, o duc mecanic spre gură, sorb din licoarea amăruie și din dreapta o aud pe Ana cum cântă la pian, dumnezeiește. Dumnezeu știe să cânte la orice instrument, o face și cu ochii închiși, prin oameni, că există în fiecare. Aud acordurile, dar nu mai e Für Elise, ci piesa mea, Apus. Numai că nu o cântă trist deloc, ci i-a schimbat ritmul, are o energie vie în ea, iar afară e oricum dimineață, imediat după răsărit, așa cum îmi plăcea să mă trezesc, să fac cafea, să ies, să-mi fac câteva planuri de zi sau de viață, să trag aerul adânc în mine, apoi să fug la spital, aruncându-mă în luptele altora. Televizorul e jos, am încă timp pentru știrile pozitive ale dimineții.

Claudia e binemersi în Kinshasa. S-a mai gândit la tine, desigur. A vrut să-ți scrie în mai multe rânduri, dar nu știa cum vei reacționa. E fericită. Și tu ești, numai că te consumi cu prea multe gânduri inutile. Nu te mai chinui cu ideea că s-a terminat, ci bucură-te cu faptul concret că s-a întâmplat. Ai așezat în tine o mulțime de povești frumoase și toate, alături de cele cu pacienții, cu prietenii, cu felul tău de a fi în lumea asta, de a-ți păstra inima bună, vindecată prin toate punțile create, toate vor conta cu adevărat. Niciun apus nu e trist, e doar o mică parte dintr-un cerc, iar cercul nu are început sau sfârşit. Orice punct de pe el e şi începutul, şi sfârșitul. Totul va fi bine. Vei mai iubi, e inevitabil. Te vei mai întoarce la trecut, e inevitabil. Vei mai suferi, e iarăşi inevitabil. Dar acest amestec aduce savoare fiecărei zile, iar astăzi vei avea o zi a ta, în care poţi face orice. Acum ridică-te şi trăieşte, gândindu-te cu recunoştinţă şi preţuire la toţi oamenii buni pe care i-ai întâlnit, i-ai atins, i-ai iubit. Și nu uita să-i duci Lidei cândva cărțile înapoi, dar să o anunți mai din timp, să aibă vreme să-ți facă și ceva bun de mâncare.

62

scrisoare

Ne-am dezamăgit, dar nu mai contează. Pe măsură ce unele sentimente evoluau sau apăreau altele noi, era bine să discutăm orice, să le scoatem la suprafață, să le trimitem de la unul la altul. Altfel, ținându-le în noi ca-ntr-un cazan cu abur, ele au produs o presiune prea mare și explozia era inerentă. Ne-am trezit apoi că se strânseseră șiruri lungi de nemulțumiri, critici, momente mai puțin bune, toate acumulate și scoase brutal, făcându-i mult rău celuilalt. Comunicarea la timp ar fi salvat ceea ce într-un punct a devenit de nesalvat. Am avut pornirea să-mi înfig ghearele în piept și să-mi scot inima de acolo. Am fost plin de furie, dar mai mult pe mine, nu pe tine. Am încercat să mă lovesc. Am vrut să mă opresc din respirat, din generat gânduri, din curs sânge prin vene și artere, să mă suspend deasupra timpului și să privesc toată povestea fără să mă deranjeze pulsul, aerul, țiuitul din urechi, gândurile. Să fiu acolo, tabula rasa, cu ochii țintiți spre tot ce am trăit, fără să mai emit critici, frustrări, *ce ar fi fost dacă*-uri. Apoi să cobor și să-mi revină toate, mai puțin tinitusul care nu-mi e deloc pe plac. Disocierea de timp să fie suficientă ca să nu mai sufăr, să-mi văd de viață și viața să-și vadă de mine. Eu știu că nu sunt un om rău. Păstrez undeva atribute pure, iubire, empatie, generozitate, mângâiere, dar uneori nu știu cum să le scot. Nu m-a învățat nimeni asta. N-am primit o rețetă parafată de vreun dumnezeu și pe ea, cu scris lizibil, nu de medic, rogu-vă, că sunt sătul, să scrie clar, albastru pe alb, cum să le amestec ca să iubesc suficient, să fiu iubit, să păstrez oamenii lângă mine, să fiu interesant, să fiu interesat, să stau acolo, fizic și sufletește, fără a-mi veni să bat într-o retragere tristă și rece. Se spune că întâi înveți să te iubești pe tine și abia apoi poți începe să iubești pe altcineva. Eu nu mă iubesc, e ciudat, nu mă iubesc, nu mă accept, pentru că nu am habar ce fac, sar dintr-o stare în alta, mă prăbușesc, urc iar, car bolovani în spinare pe care de multe ori singur mi-i pun acolo, rămân inert, incapabil de cele mai mici acțiuni, pierd sentimentele printre degetele de la mâini și de la picioare. M-am întrebat dacă acel dumnezeu, pe care oricum îl consider iubire dispersată în toate lucrurile din jurul nostru, nu ar fi trebuit să fii chiar tu. Să-mi arăți, blând, albastru pe alb, sau orice culoare pe orice fundal, cum să fac pace cu mine, cum să scot atributele bune în doze potrivite, cum să mă păstrez în armonie. Nu ai citit disperarea asta pe chipul meu, în ochii mei? Dacă nu, tot eu sunt vinovat. În rest, nu consider că era nevoie să mă schimb, nu ne schimbăm, important e să spargem o scoarță pentru ca anumite izvoare să țâșnească. Cred că-n esență asta și voiai. Diamantul cu devine frumos prin adăugare de material, ci prin tăiere și lustruire. Dacă îți tai partenerul cât să nu-i produci rău, iar apoi îl iei la lustruit, scoți un proiect care va aduce fericire și ție, și lui. Cred că-n esență asta și voiai, dar n-am reușit să pricep la timp.

63

inimi

Am fost amândoi nişte adulți-copii cu trecuturi zbuciumate, cu copilării în care am suferit, iar repercusiunile le-am resimțit ceva mai târziu, mai mult la mine. Am trecut amândoi prin depresii adânci, prin încercări de a ne recăpăta armonia. Tocmai aceste tulburări ne-au făcut puternici și capabili să apreciem altfel lumea. Dar ele ne-au schimbat și inimile, împietrindu-le. Ne-am temut de iubire, care ne-a prins întâi spate în spate, apoi a revenit, găsindu-ne ceva mai bine. Pietrele din piept ni s-au transformat, au devenit calde, mai moi, cărnoase, jucăușe, animate de sevele înălțătoare. Ne-am apropiat, am visat împreună, ne-am făcut planuri, ne-am alipit și înconjururile de inimă, știind că totul va merge, va fi mai mult bine între noi. Și a durat așa, cu mici obstacole, cum se întâmplă-n viață, fără să ne abatem de la iubire, până când ne-am trezit tot lipiți, dar spate în spate. Ne-am pus mâinile pe inimi, fiecare pe a lui, ne-am speriat, dar ne-am răsucit cât să putem să ne punem mâinile pe inimi, fiecare pe a celuilalt.

Atunci ne-am calmat, ne-am admirat, ne-am privit în ochi, unii căprui, alții verzi. Au coborât peste noi toate poveştile şi am ştiut că putem continua. Apoi, din toate nimicurile vieții, ne-am dat drumul unul altuia. Inimile au început să ne bată tare, aproape spărgându-ne piepturile, până s-au oprit, dar nu în acelaşi timp. Ne-am văzut de ale noastre. Fără mesaje, fără priviri, fără voci auzite. Linişte. Linişte cât să auzi cum curge sângele prin artere, pulsând, împingând, zgâriind pereții. Apoi, nu-l mai auzi nici pe el. Domneşte resemnarea, timpul zboară, vin alte gânduri, rămân doar nişte poveşti în urmă.

64

întrebare

Am întrebat-o cândva pe Ana de unde are atâta calm, mi se părea că trăiește în afara lumii, cel puțin în antiteză cu mine, mai tot timpul agitat și speriat. Mi-a zis să stau liniștit, lucrurile se așază la un moment dat, voi deveni natural și degajat, trec prin niște etape care le-au fost familiare multora, chiar și ei. De exemplu, nu poți cânta ceva bine la pian dacă ții brațele în tensiune, trebuie să le ai cât mai moi, mai lejere, dar asta se deprinde treptat. În orice om există lucruri pe care nimeni nu le va ști niciodată. Și poate că e mai bine așa, dar am îndrăznit iar, în perioada în care teiul stătea înflorit lângă noi, să o întreb pe Ana dacă a iubit în viața ei. *Ce întrebare e asta?* E o simplă întrebare, chiar dacă nu e simplă deloc. S-a frământat, a dus ceașca de cafea la gură, a tras pleoapele peste ochi de parcă rechema atunci trecutul, cu o forță care-i cerea mari energii. Mi-a zis că a iubit de nenumărate ori, dar mereu ajungea în același punct și se oprea totul. Într-o perioadă considera că e un blestem, se temea, îi venea să nu se mai arunce în nimic, apoi a trăit din plin fiecare încercare. Încercările sunt cele mai bune. Iubești, câștigi. Pierzi, în esență tot câștigi. Îți iei lecțiile, mergi mai departe, viața curge, n-avem timp de supărări prea mari, că ele ne fac rău și la inimă, și-n restul corpului.

65

sonetul iubirii

Iubirea te transformă dintr-odată-n zburător. Îți pune aripi și ți le lasă cu-mprumut, să te bucuri de ele. Îți servește și drept felinar, să vezi clar în față pe unde să umbli sau să nu umbli. Te învață ce înseamnă dorul, când ai vrea să fii lângă celălalt, să-l iei în brațe și să nu-i mai dai drumul niciodată. Iubirea îți lungește brațele și cinci mii de kilometri, fără să ți le rupă, iar cu ele îi mai deschizi celuilalt niște uși, îi mângâi părul, îi ștergi o lacrimă, îl atingi într-o zonă în care nu se gâdilă, mai ales la nivelul sufletului. Îți arată ce înseamnă adevărul, te scutură de straturile fade și te face să aluneci curat ca un izvor de munte. Îți așază ușor pe tine cele mai plăcute raze de soare. O guști și nu te saturi.

Stârnită de un vânt de vară
Preface viața-n poezie,
Îți pune-aripi la subsoară
Și-n mână-ți pune o făclie.

În suflet, pe strălimpezi file,

Se-apleacă și își scrie dorul,
Îți dă putere ca prin zile,
Curat să luneci ca izvorul.

Dă gândului avânt de basme,
Te face să ții ochii-n soare
Și raza lui ți-o prinde-n plete.

E vraja primelor miresme,
E apa vie-mbătătoare
Ce-o sorbi mereu și tot ți-e sete.

Am lăsat din mână cartea albastră a sonetelor, cu semnul făcut dintr-un colț de foaie albă, cu o inimă desenată cu pixul pe el. Mă duc să fac cafea și să trăiesc.

66

scrisoare

Stau pe o canapea, aproape de fereastră, cu picioarele ridicate pe pervaz. Doar ce am făcut cafea. Orhideea Sofica e aici, a stat înflorită din ianuarie până în aprilie, dar s-a petrecut ceva ciudat cu ea. Când m-am întors eu din Paris, la final de ianuarie, când te-am văzut și ultima oară, florile ei erau uscate și căzute, semn de lipsă de apă. M-am întristat că nu apucasem s-o admir, mă umplea de bucurie de fiecare dată când înflorea și eram acolo. I-am pus imediat apă și, uite cum e natura asta, în scurt timp a apărut un nou braț verde cu mugurași care au explodat și au ținut luni de zile. Și iubirii trebuie să-i mai punem apă, s-o întreținem, s-o îngrijim. Altfel se ofilește și pică-n uitare.

Sunt cu gândurile mele și o cană mare cu cafea. Îmi aduc aminte de fiecare întâlnire și, oricât m-ar durea, mă umple și de bucurie. Fiecare lucru are un unghi bun și unul rău. La vreo 5500 de kilometri în sud, imediat sub Ecuator, aproape de un fluviu, cu o oră mai devreme decât aici, tu faci orice, nici nu pot ști ce, dar sper doar că ești fericită. Află că, pe undeva, mi-am scos din cap piedicile, limitele, proiecțiile. Mă ia groaza când îmi aduc aminte cum m-am purtat de multe ori, cum stăteam sub presiunea unui diagnostic pe care-l plantasem adânc, fără să vreau, cum am suportat burnoutul, cum m-am lăsat captiv valurilor negre, cum am întreținut stări care ar fi putut respinge ușor orice partener de viață. Le am pe toate în mine, sunt încă acolo, dar sper acum, măcar printr-o lecție dură, să le pot tolera, să le mai ignor, să pun altceva luminos și bun peste ele.

Eu știu că pot fi minunat și mă doare cum m-am îndepărtat de versiunea asta, autosabotându-mă, obosindu-mă, acoperindu-mă cu lucruri pe care ar fi trebuit să le barez, să le arunc. M-am temut, în clipa în care ai venit la mine în acea seară de mai, că voi plonja în același tipar, același blestem, aceeași reîntoarcere. Și, mai mult, că după ce voi fi consumat relația cu tine, voi fi atât de rupt, atât de marcat, încât nu voi mai putea face nimic, cel puțin în oaza asta a iubirii. Noi nu ne-am mai spus nimic, dintr-odată, după ce vorbeam în fiecare zi. Păstrez încă senzația pregnantă a lucrului neterminat și așa va rămâne, dar e doar la mine, sper că tu ai fost împăcată cu ideea.

M-am așezat aici și n-am făcut nicio retrospecție, n-am analizat trecutul, n-am cercetat prezentul, n-am mai creat o listă cu tot ceea ce vreau să fac în viitor. Pentru că mă dor toate. Mă simt rătăcit și am nevoie să mă reinventez, să plec pe undeva, să-mi rup imaginea, să devin mic. În același timp mi-e teamă să nu mă fi blocat. M-ai învățat să gust altfel totul, să ies din carapace, să călătoresc în multe locuri, să sar din avion de la patru mii de metri, să fiu mai deschis, să nu mă mai consum cu toate mărunțișurile, să nu mă mai implic atât de mult în planuri virtuale, pline de superficial și ură, să fiu eu așa cum sunt, minunat. Dar am revenit, în cicluri, la aceleași probleme, oricât îmi doream inversul. M-am sufocat.

Nu știu ce va fi mâine. Am muncit enorm pentru tot, nu am acceptat compromisuri, mi-am păstrat principiile, chiar dacă mi-a fost mult mai greu așa. Sper doar să o las mai ușor, să mă bucur de lucrurile simple, să fiu mai zâmbitor, mai relaxat, mai creativ, mai bun, mai eu. Te voi păstra în mine, în inimă, acolo unde avem locuri speciale pentru fiecare om pe care urmează, la un moment dat în viață, deloc întâmplător, să-l întâlnim. El apare, intră exact acolo și nu mai iese niciodată, iar inima ne merge altfel înainte.

Poate ne vom mai întâlni cândva, aparent întâmplător. Cred că vom avea multe să ne spunem. Să știi că lângă orhidee am acum un buchet mare de bujori. Le-aș pune poza pe Insta și Facebook, așteptând un mesaj de la tine, numai că lucrurile așteptate nu vin, știu prea bine asta. Ele apar când te aștepți mai puțin și te uimesc, cum acele linii cândva despărțite se apropie și se poate lega o poveste. Iar când ea se termină, dacă se termină, să-ți spui așa: a fost minunat că s-a întâmplat.

Cu dor,
V.

Am scris această carte cu o greutate pe care n-am cum s-o mai descriu, dar a fost un act necesar, eliberator. Puţini ştiu trecutul meu, au rămas chiar multe lucruri nespuse, cum păstrează orice om. Dă-mi aproape totul, dar te rog, fă-o lin, puţin câte puţin. Îmi aduc aminte acum că avea și o continuare. Dă-mi aproape totul, dar te rog, păstrează-ți misterele. Am iubit mult, mi-am primit lecţiile, unele chiar în moduri dure, pe care nu ştiu în ce măsură le meritam, dar nu mă pot pune cu totul în locul celuilalt, așa că admit că le meritam. Nu mai regret nimic. M-am predat și am renunțat la ură, la frustrări, la furie. Păstrez în mine lucrurile frumoase, toate relaţiile, poveştile cu pacienţii, oamenii pe care i-am întâlnit. Întâlnirea cu Claudia îmi rămâne etalon, chit că n-am fost în stare să o păstrez nici pe ea. Această confesiune îmi servește drept un soi de terapie. Știu că mă voi vindeca, niciodată deplin. Știu că voi mai iubi, probabil voi repeta și greșeli. Știu că voi reveni la trecut, voi căuta prin el, mă voi mai hrăni de acolo.

Știu că a fost minunat că s-a întâmplat, nu trist că s-a terminat.

V.

Extensie

Pentru că am o relație aparte cu tine, cititorul meu, te invit să vizionezi un clip video pe care l-am făcut special pentru această o altă poveste de iubire, ca o completare. Eu mă umplu de emoții de fiecare dată când îl urmăresc. El nu e public și poate fi vizualizat doar de cei care au link-ul de mai jos, așa că te rog să rămână totul între noi.

bit.ly/alta-poveste-video

De asemenea, îmi poți trimite oricând gândurile tale despre această carte la vasi@readersdogood.ro

Am scris mai multe cărți.
Ele sunt disponibile
pe www.readersdogood.ro
și pe www.drvasiradulescu.ro

"Bunica îmi făcea orez cu lapte, scovergi, cartofi la cuptor și tot ce mai voia mușchiul meu. Nu știu exact care mușchi, dar înclin să cred că e vorba despre tunica musculară a stomacului. Când mănânci cu bunica aproape, de la emoții poți avea palpitații. Dacă îi spui că ai palpitații, ea îți aduce un extraveral, dar tu nu-l iei, că pastilele sunt pentru bătrâni. Tu mănânci și emoțiile mor. La fel mai poți avea când bunica vine la festivitatea de premiere de la sfârșitul anului școlar. Sau când, după ani în care a venit la rândul, nu mai vine. Și-atunci ai lua și extrav-eralul, dar nu-l mai ai." – fragment din *Dragă inimă*, prima mea carte.

"Legăturile rămân pentru totdeauna între cele două organe. Creierul livrează control prin sistemele nervoase simpatic (energic, de luptă) și parasimpatic (domol, de relaxare). Tot organul cocoțat la cel mai înalt nivel poate să dea peste cap inima în situații de stress acut, suferință emoțională, ceartă. Sunt știute situațiile de tahicardie, palpitații, senzație de inimă oprită la cei cu anxietate și atacuri de panică, simptomele provenind tot din tulburări centrale. Din păcate sunt tot mai multe, la vârste tot mai mici. Nu e nimeni ferit de asta." – fragment din *Culorile uitării*, a doua mea carte.

"Capitolele sunt de o dezarmantă sinceritate, pentru că nu pot scrie altfel. Ele amestecă informații atât de utile din domeniile principale ale medicinei și toate au rolul de a vă face să vedeți lucrurile cu alți ochi, chiar dacă îi folosiți pe aceiași. Umanitatea în medicină trebuie să primeze și să înțelegem că acest concept al empatiei trebuie să fie bilateral, împletit cu bunătate, fundament științific, respect, picioare pe pământ, cap pe umeri, mult bun simț și poziționare mereu în centru a pacientului, asupra căruia trebuie îndreptate toate eforturile pentru a-i reda starea de sănătate. O spun, pentru a nu știu câte oara, că ideal este să prevenim afecțiunile, să avem grijă de noi, să păstrăm relații frumoase cu medicii, să ne informăm din surse bune și să nu ajungem deloc sau foarte târziu în etape care necesită intervenția certă a cadrelor specializate în cazul unor boli." - fragment din *Medicina povestită pe înțelesul tuturor*, a treia mea carte.

"Acesta este un roman de mică întindere în care o țestoasă magică ce deține răspunsuri la toate întrebările din univers, un pește buclucaș care e aproape auriu și îndeplinitor de dorințe, un liftier doldora de învățăminte, un electrician inimos și cam fricos, o asistentă cu poftă nebună de vene proaspete, o bucătăreasă absolut delicioasă, un chirurg empatic și priceput, un chinez cam lung și doar puțin lat, o mamă adoptivă și cu afinitate pentru adrenalină, o fetiță cu pistrui și un puști cu șosete turcoaz se întind la câteva povești și apoi își văd liniștiți de viețile lor frumoase, în locuri care există aici sau în altă parte." - fragment din *Să-ți pui o dorință*, a patra mea carte.

"Are brâu strâns bine, puloveraș de lână și vată băgată în urechi. În RATB nu e aer condiționat și când cineva vrea să deschidă geamul, sare și-i trântește cele mai grele ocare din lume. Geamurile trebuie să rămână închise! Ține ochii strânși ca Clint Eastwood, să protejeze orbitele. Nu deschide mult gura, să nu se facă vifor acolo. Pe trotuar are o trasă specială, aproape de clădiri. Urăște pasajele. Și-a dezvoltat mecanisme prin care nu transpiră când sunt 60 de grade în tramvai, chiar simte o răcoare plăcută. Când cineva vrea să ridice trapa de sus, îi sare la timpane și-l blesteamă. Merge la camera de gardă și se vaită de toate bolile din lume luate în cele douăzeci de minute în care brâul a stat pe culme, la uscat. La UPU nu se înțelege bine cu medicii, că sunt niște înapoiați și nu cunosc legăturile fine dintre patologii și curent. Îi roagă pe ceilalți să țipe, că nu aude din cauza dopurilor de vată. Dacă află că cineva a fost descoperit cu cancer, îi spune că e din noaptea în care a dormit sub cireș, cu capul gol, în luna iunie. Zece secunde de stat între două geamuri deschise sunt suficiente ca să facă meningită, amigdalită, colită, nevrită, gastrită și otită. Dacă stă unsprezece secunde, face și restul bolilor. Când trece de la 40 de grade afară la 75 de grade în autobuz, fuge după un loc și admiră geamurile închise, simțind fiori reci pe șira spinării. Asta da viață." - fragment din *O să te tragă curentu*, a cincea mea carte.

"Ziua curentă ne dictează întreaga viață, iar dacă putem păstra eudaimonia cât mai mult, ne bucurăm de liniște, dezvelire de potențial, claritate, culoare, plăcere, trecut cu amintiri frumoase, viitor optimist. Înflorirea umană e mereu posibilă. Cu gândul acesta, fiecare poate fi sigur că are ceva bun pus deoparte. Nimic nu garantează păstrarea florii; e-n natura lucrurilor ca ele să se piardă și apoi să apară iar. Viața e un carusel de stări, nu o izolinie anostă. E o serie de muguri și flori. Important este să nu ne consumăm prea tare când parcă suntem cufundați în negru, și să încercăm să culegem lucruri bune chiar și atunci, fiind convinși că o etapă luminoasă va veni negreșit. Fiecare om ar trebui să-și mai facă o eudaimoniogramă din când în când, să-și vadă limpede mugurele și să știe că universul îl va impulsiona să înflorească, intrinsec sau extrinsec. Așa merg lucrurile aici." - fragment din *Medicina povestită: despre inima ta*, a șasea mea carte.

Vasi Rădulescu

www.drvasiradulescu.ro